"双一流"建设背景下大学文化建设的探索和实践

——以燕山大学为例

褚玉晶 著

燕山大学出版社

·秦皇岛·

图书在版编目（CIP）数据

"双一流"建设背景下大学文化建设的探索和实践：以燕山大学为例 / 褚玉晶著. —秦皇岛：燕山大学出版社，2024.6

ISBN 978-7-5761-0658-9

Ⅰ.①双… Ⅱ.①褚… Ⅲ.①高等学校－校园文化－建设－中国 Ⅳ.①G647

中国国家版本馆 CIP 数据核字（2024）第 066323 号

"双一流"建设背景下大学文化建设的探索和实践
——以燕山大学为例
"SHUANGYILIU" JIANSHE BEIJING XIA DAXUE WENHUA JIANSHE DE TANSUO HE SHIJIAN

褚玉晶 著

出 版 人：陈 玉	
责任编辑：张 蕊	策划编辑：张 蕊
责任印制：吴 波	封面设计：刘馨泽
出版发行：燕山大学出版社	电 话：0335-8387555
地 址：河北省秦皇岛市河北大街西段 438 号	邮政编码：066004
印 刷：涿州市般润文化传播有限公司	经 销：全国新华书店
开 本：710 mm×1000 mm 1/16	印 张：8
版 次：2024 年 6 月第 1 版	印 次：2024 年 6 月第 1 次印刷
书 号：ISBN 978-7-5761-0658-9	字 数：130 千字
定 价：36.00 元	

版权所有 侵权必究

如发生印刷、装订质量问题，读者可与出版社联系调换

联系电话：0335-8387718

前　言

文化是一个国家、一个民族的灵魂。文化自信是一个国家、一个民族发展中最基本、最深沉、最持久的力量。文化兴则国运兴，文化强则民族强。在人类历史的长河中，每一次文明的升华都伴随着文化的进步。而大学文化作为推动文明进步和文化繁荣过程中的重要力量之一，其发展对于引领社会文化的发展、激发国家和民族发展的内生动力起着不可替代的作用。

习近平总书记高度重视文化传承发展，在文艺工作座谈会上指出，"没有中华文化繁荣兴盛，就没有中华民族伟大复兴"；在党的二十大报告中强调，"推进文化自信自强，铸就社会主义文化新辉煌"；在文化传承发展座谈会上再次强调，"在新的起点上继续推动文化繁荣、建设文化强国、建设中华民族现代文明，是我们在新时代新的文化使命"。在我国，大学文化是中华文化的重要组成部分，也是建设"双一流"大学的重要内容。一流大学的建设离不开具有时代特色、民族特色和校本特色的一流大学文化作为指引。在深入推进"双一流"建设，加快建设教育强国、文化强国的新时代背景下，大学应当将文化建设作为重要职责与使命，积极探索并走出一条富有时代特色和中国特色的现代大学文化建设之路。

大学文化的研究既是一个理论问题，又是一个实践问题。燕山大学是一所具有百年历史的大学，具有深厚的历史底蕴和个性鲜明的校园文化。一个世纪的沧桑巨变，为燕大人留下了一笔丰厚的精神文化财富。一条贯穿燕山大学发展历程的文化经脉绵延不息。燕山大学始终秉承"厚德、博学、求是"的校训精神，传承奋斗基因、发扬工匠精神、追求卓越品质、熔铸家国情怀，不断构建传承与弘扬中华优秀传统文化的阵地和载体，积极发挥文化的凝聚、引领、辐射作用，为创建特色鲜明、国内一流、世界知名研究型大学，培养有理想、有本领、有担当、德智体美劳全面发展的社会主义建设者和接班人提供动力和思想保证。

近年来，为适应学校发展目标和大学生思想潮流的新变化，燕山大学引入了企业管理中的项目式管理方式，通过实施基层单位文化建设项目立项，对校园文化活动进行高效地计划、组织、指导和控制，实现全过程动态管理和项目目标的优化，从而对校园文化活动进行全方位、多层次、立体化管理和指导。此项工作开展近10年来，已完成9个批次共262个基层单位文化建设项目立项。这些文化建设项目呈现了百家争鸣、百花齐放的态势，每一个项目都经过了精心设计和策划，并在开展过程中力求提高参与度、提升品质和影响力，从各个层面各个角度全方位展现了燕山大学的办学特色、精神内涵以及师生和校友的活力和风采。学校通过立项指导、实施过程监管、结项成果验收等环节，对校园文化活动进行引导和把控，同时拿出专项资金，按照重点项目和一般项目分层次进行资助。着力资助社会主义核心价值观宣传教育、大学精神传承、文化品牌塑造、文化素养提升等贴近学校实际、行之有效、感染力强的文化建设项目。此举极大地提高了师生参与探索校园文化建设新方法、新途径的积极性，2024年基层文化建设立项申报数量达百余项，最终立项50项，创历史新高。在基层文化建设立项工作的持续推动下，燕山大学校园文化活动质量和层次均得到稳步提升，师生参与度和认可度不断提高，取得了显著效果。

文化建设是一项至关重要的战略工程。塑造全体燕大人的价值共同体，培养能够担当民族复兴大任的时代新人，是学校文化建设的战略目标。为此，学校将全面实施"一流大学文化涵育工程"作为"十四五"规划中的重要内容，而基层文化建设立项工作则是实施这一工程的有力抓手。基层文化建设立项工作有效提升了学校的文化软实力，践行发挥了大学文化的引领作用，在传承燕大精神，塑造燕大人品格，进一步增强全体燕大人的价值认同、使命认同和情感认同上发挥了积极作用。本书以燕山大学为例，通过系统梳理其校园文化建设成果，对其文化建设进行了深入剖析和实证研究。这不仅有助于传承和创新燕山大学独特的文化，而且也为其他同类大学在文化传承与创新方面提供了有益的参考。此外，本书还试图通过集中展示燕山大学的校园文化活动来擦亮其独具特色的精神文化名片，从而使热爱燕大、关注燕大的读者可以从不同角度理解和感受燕山大学的文化魅力。

目 录

第一部分 大学文化建设的理论探索

第一章 大学文化的概念和内涵 ··· 1

第二章 大学文化建设的指导思想 ·· 6

第三章 大学文化建设的基本特点 ·· 9

第四章 大学文化建设中的几个关系 ··· 12

第二部分 大学文化建设的实践案例

第一章 思想引领篇 ··· 17
    第一节 理想信念教育 ··· 17
    第二节 爱国主义教育 ··· 21
    第三节 文明素质养成 ··· 24
    第四节 大学精神传承 ··· 30

第二章 文体艺术篇 ··· 37
    第一节 高雅艺术体验 ··· 37
    第二节 人文赛事争锋 ··· 41
    第三节 传统文化传承 ··· 45
    第四节 校园美育浸润 ··· 49

第三章 社会实践篇 ·································· 55
第一节 志愿服务文化 ······························ 55
第二节 弘扬奥运精神 ······························ 62
第三节 服务乡村振兴 ······························ 65

第四章 网络文化篇 ·································· 70
第一节 网络文化工作室建设 ······················ 70
第二节 网络思政栏目建设 ························· 75
第三节 主题"微"课堂建设 ······················· 81
第四节 主题网络文化节 ··························· 86

第五章 环境浸润篇 ·································· 93
第一节 公寓思政育人 ······························ 93
第二节 国际化氛围建设 ··························· 99
第三节 校园美化工程 ······························ 105
第四节 书香校园建设 ······························ 110

后记 ·· 118

第一部分　大学文化建设的理论探索

在当代中国，大学不仅肩负着守护、传承和创造知识的使命，而且是社会主义核心价值体系和先进文化的实践者和推动者。大学文化作为我国先进文化的重要组成部分，是大学的核心竞争力和文化软实力，是凝聚师生力量的精神标识，也是增强中华文化自信、促进社会文化繁荣发展的重要力量。因此，从战略高度进一步明确大学文化的概念、内涵等基本问题，提高对大学文化建设重要性的认识，将其更好地融入文化传承创新、文化育人实践以及整个社会文化繁荣发展与建设中，发挥先进文化的示范、辐射和引领作用，具有极其重要的意义。

第一章　大学文化的概念和内涵

一、大学文化的概念

大学文化是大学之魂。随着时代的发展，学界对"文化"概念的阐述有上百种之多，具有不确定性，基于学术界的一般认识，本书将大学文化的概念界定为：大学校园文化，作为社会创新型组织的本质属性，是人类进步发展的内在要求，更是"大学人"（指教师、管理服务人员、学生）特有活动和存在方式的完美体现。这种文化底蕴，使得大学不仅是一所教育机构，更是一种独特的文化形态，不断吸引着无数追求知识和梦想的学子。

在当代中国，大学校园文化是先进文化的重要组成部分，是推动社会进步的重要力量。大学校园文化是高校在长期办学过程中形成的历史积淀、创新品格和价值取向，既包含和反映着历届师生对大学的总体认知、理想追求和实践探索，又凝聚着师生的深情厚爱。它以其特色鲜明的精神和物质成果，以潜移默化的方式影响一代代师生的思想和行为，在传承与再造中不断丰富和完善，推动着大学和整个社会的发展和变革。

二、大学文化的内涵

随着社会的不断进步，大学的功能从传统的以"人才培养"为主轴，逐渐向"学术研究""社会服务"和"文化传承创新"等多元化发展。这4个方面相互依赖、相互促进，共同推动着大学的发展和社会的进步，任何一方的缺失，都会使大学在社会发展进程中的影响和作用大大减弱。在某种意义上，"文化传承创新"应被赋予更重要的地位，它是大学的活力之源和发展之基。因此，从校园文化建设的视角重新审视大学的职能，研究大学的文化功能如何在发展进程中得以选择、传递和创新，其重要性是不言而喻的。这不仅有助于我们深入理解大学的本质和价值，更有助于推动大学在新的历史时期焕发出更加绚丽的光彩。

（一）文化是大学的核心特性

大学是社会进步的"思想库"，是创新理念的发源地，是引领社会的风向标。当前，科学技术的飞速进步推动着经济社会的跨越式发展，这在改善人们生活质量的同时，也激发了人们对知识创新的强烈需求。因此，大学在推动社会发展与进步方面所发挥的重要作用愈发凸显。新时代，一流大学校园文化仍然是一所大学的核心竞争力。在国家大力推进新一轮"双一流"建设的大背景下，着力培育具有时代精神的中国特色大学文化，既是真正建成一批世界一流大学和一流学科的前提与基础，也是实现中国高等教育高质量内涵式发展的重要路径，是大学完成立德树人根本任务的不竭动力。

（二）大学校园文化是社会持续进步和人的全面自由发展的集中体现

从人类发展的视角看，文化是人们对于自然世界的认识和改造能力与水平的体现，而大学校园文化更是这种能力与水平的集中展现。大学在其发展过程中不断传承、研究、融合和创新知识，这使得人与自然之间的关系得以不断发展和延续。同时，大学校园文化既包含着的学术创新与人才培养等，也体现着人类和社会的发展需求，是人类文明进步的生动体现。大学的教育教学过程，实质上是一个以文化人、以文育人的过程。通过文化的熏陶、影响、传递，既能够实现知识方法技能的传授，也能够促进正确价值理念的形成和人格的塑造，做到培根铸魂、启智润心，进而实现人的全面自由发展。

（三）大学校园文化的核心在于大学精神的传承发展

大学精神是校园文化建设的核心和关键，更是大学发展的不竭动力。随着时代的变迁，大学在继承与创新中不断发展，从观念、目标到制度、功能，全面进行着自我更新和改造。大学精神始终贯穿于大学的发展历程之中，是大学师生共同追求的价值观念和行为准则。在大学的校园里，这种精神的力量是强大的，它让校园充满活力，催生出一代又一代的优秀人才。

（四）大学校园文化体现了"大学人"的思维习惯、行为方式以及对大学的认同感

大学校园文化是一种特殊的社会组织文化，它赋予人类文化独特的活力和创造力。大学校园文化在其发展历程中孕育出的创新精神、学术自由以及批判精神，始终是大学校园文化的核心，彰显着"大学人"的气质和独特精神。这些价值观是大学校园文化的精髓和灵魂，为校园注入了持久的活力和生命力。

大学校园文化在社会进步过程中彰显出教育力、凝聚力、创造力和引领力。从人才培养的角度看，从习得技术到获取能力，从学习知识到形成思想，都离不开大学校园文化的熏陶和涵育。大学校园文化以潜移默化的方式影响着"大学人"的思想和行为，并使他们对于大学的精神和理念始终具有认同感。他们会将这种思维方式、行为方式带入社会，从而对整个社会的发展进步起到引领和带动作用。

三、大学文化的结构

如果说大学校园文化是一座宏伟的殿堂，那么精神文化、制度文化、物质文化和行为文化就是构筑这座殿堂的四大支柱。这四大支柱并非各自为政，而是相互依存、相互支撑，共同奠定了大学校园文化传承与创新的基础。

（一）大学精神文化

大学精神是大学在岁月洗礼中自我塑造、逐渐形成的，体现着一所大学的高远志向与独特神韵，同时也坚守着大学的核心理念与永恒信念。大学精神文化是大学校园文化的生命力之所在，它根植于悠久的历史、深厚的传统、独特的行业背景和地域文化之中。大学的课程设置，学科特色，以及卓越领导人和学者们的独特品格、气质、智慧和创造力等共同铸就了大学精神文化。这种精神文化又影响着大学的办学理念、价值观、使命追求、工作作风、行为方式等的形成。

（二）大学制度文化

大学制度文化是高等教育领域中一个重要且复杂的议题。它涵盖了大学在办学和发展过程中的一系列权利、义务及责任，形成了一种规范和规则，为大学的生存和发展提供了制度保障。同时，它也约束着大学的办学行为，确保其符合法律规定和社会期望。

近年来，我国在推进依法治国方略的过程中，高等教育领域也积极响应，不断推进依法治教的进程。通过多年的努力，我国在构建完善的现代大学制度方面已经取得了初步成果。从文化的角度来看，大学制度不仅仅是一种社会制度，更是一种文化积淀。它包含了大学的章程、发展战略、领导体制、组织机制，以及关于教学、科研、服务等各方面的管理规章制度和行为规范。这些规章制度和行为规范不仅是对大学成员的行为进行规范和约束，而且是大学精神文化的具体体现和延伸。因此，加强大学制度建设不仅是高等教育发展的必然要求，而且是推动大学向更高水平发展的重要保障。

（三）大学物质文化

大学物质文化是大学精神文化得以扎根的物质基础，它以大学校园文化的物质形态和综合实力彰显着大学的底蕴和实力。内涵丰富的大学物质文化，涵盖了诸如学科专业、师资队伍、校园环境、人文景观、教学设施、办学条件等，这些不仅是大学历代师生长期建设的物质成果，更是他们智慧与努力的结晶。

每一处物质形态，都承载着大学的历史、传统和特色，映射出大学的价值观。建设大学物质文化的关键，在于如何使校园的每一处物质形态都能充分地体现其特有的大学文化信息，使物质与文化完美融合，形成一种独具特色的大学文化氛围。

加强大学物质文化建设，持续提高大学的综合实力，这不仅是大学可持续发展的必由之路，也是加强大学校园文化建设的重要途径。

（四）大学行为文化

大学行为文化，是指"大学人"在教育、科研、学术交流、学习生活、文化活动中体现出来的行为规范和风度。在大学校园文化的层次结构中，大学行为文化处于表面的维度。它以教师、管理服务人员、学生三大群体为载体，映射出与社会大众截然不同的独特文化魅力。这不仅是"大学人"工作作风、精神状态和人际关系的生动写照，而且是大学精神、办学理念和价值观的具象化身。

大学行为文化是一所大学历史文化传统与积淀在当下的呈现，它的核心在于"学"与"行"，这两个方面既对大学师生提出了要求，也揭示了大学的独特性及其在现代社会中的价值，更体现了大学的办学理想与目标追求。"学"涵盖了教师的学术造诣、学生的学风态度以及大学教学科研行为中的学术规范和创新精神。"行"则不仅仅关乎"大学人"日常学习、工作、生活中的交流、交往和待人接物，更涉及其在价值观影响下的行为选择。

第二章 大学文化建设的指导思想

一、大学文化建设的指导思想

校园文化不仅代表着大学的形象，而且是推动大学不断前进的精神力量。校园文化建设是一项长期而艰巨的重要任务，是基础性的、战略性的，更是前瞻性的，它是高校发展战略的重要组成部分。

为了推进校园文化建设，我们必须将其与社会文化大发展大繁荣和提高国家文化软实力的战略目标相结合。同时，我们还应当确立与大学发展战略相适应的校园文化建设总体目标，在大学的教学、科研、管理和文化传承实践中，准确把握校园文化建设的方式、途径及关键环节，逐步构建起新时代中国大学校园文化的成熟体系。

一方面，创新文化建设理念和文化育人机制，继承和弘扬以大学精神为核心的文化传统。在制订校园文化建设总体规划时，我们应该立足当前、着眼长远，按照系统规划、整体推进、分步实施的原则，有条不紊地推进校园文化建设工作。

另一方面，我们应该充分尊重大学师生在校园文化建设工作中的主体地位，进一步调动师生员工的积极性、主动性和创造性，广泛动员和组织师生投身到文化建设工作中来。通过开展基层文化建设立项等方式，在学术环境营造、文化品牌形成、校园环境优化等方面培育文化建设标志性成果，同时进一步增强广大师生对文化建设的认同感和关注度，最终形成师生共同参与、共享成果的良好局面。

因此，在新的时代背景下，加强校园文化建设的指导思想是：以习近平新时代中国特色社会主义思想为指引，用马克思主义中国化最新成果武装师生头脑，用中国特色社会主义共同理想凝心聚力，用社会主义道德规范教育引导师生，以培育和践行社会主义核心价值观为核心，以弘扬大学精神、培育大学文化、推进科学精神与人文艺术的融合为重点，以文化传承、文化塑造、文化育人、文化创新为手段，从精神、物质、制度、行为四个维度整体把握、分步实施、系统建设，着力推进校园文化"外化于行、内化于心、固化于制"，将高校的办学优势转化为大学文化传承创新优势，提升校园文化的凝聚力、辐射力、创新力。

二、大学校园文化建设的原则

优秀的校园文化是培养全面发展人才的肥沃土壤，是激发学生创新精神、塑造学生完整人格的重要场域。为了更好地顺应世界高等教育的发展趋势，我们应该积极构建内涵丰富、特色鲜明、具有国际视野的先进大学校园文化，通过加强组织领导和建立健全长效机制，为学生的成长提供最优质的资源和环境，为他们的未来发展打下坚实的基础。

在加强校园文化建设中，应遵循以下原则：

一是坚持立足长远，突出战略性。大学文化建设应放在中国特色世界一流大学整体战略布局中进行定位，纳入实现中华民族伟大复兴的伟大梦想中去谋篇布局，真正把大学文化建设上升到大学建设的战略层面去思考和谋划，这也是中国高等教育发展到一定阶段的必然选择。同时，文化建设不是一件即时生效且一劳永逸的事情，而是一项长期工程，需要一代又一代人的守望和传承。随着社会以及高等教育的发展，大学文化建设也会登上更高的层次、树立更远的目标，在不断满足人民、社会更高标准的文化需求的同时，为大学和社会发展提供源源不断的动力。

二是坚持继承与创新相统一。大学在长期的办学实践中形成的深厚历史积淀、明确的办学理念、鲜明的文化特质以及独特的大学精神是一所大学发展的动力，也是大学文化的核心要义。在推进一流大学文化建设的过程中，不能把文化建设停留在表面，而应注重对大学精神文化的总结、挖掘、阐释，树立建设世界一流大学文化的勇气和信心。同时，我们要紧密结合现实，展望未来，抓住每一个有利的时机进行创新与探索。积极弘扬社会主义核心价值观，扎根中国大地，走出一条具有鲜明中国特色、世界一流大学的新路。此外，要加强对外文化交流与合作，增强大学校园文化的丰富性、包容性和开放性，在碰撞交融中不断提升，彰显一流大学气派。

三是坚持共性与个性相统一。在推动校园文化繁荣发展的过程中，我们应该遵循文化发展的普遍规律，充分体现校园文化的共同特征，积极构建具有社会主义特点和时代特征的、科学民主开放的大学校园文化。同时，从学校的实际出发，深入挖掘学校的历史传统，认真总结学校的独特精神实质和特色，提炼、培育并弘扬学校的独特文化个性与魅力，以促进校园文化的深入发展。

四是坚持科学与人文精神相统一。积极倡导以实事求是、独立思考、严谨规范、求真务实为内涵的科学精神，以追求真理、鼓励创新为目标的科学态度。同时，也要弘扬尊重人的价值、关注精神生活的人文精神。在大学校园文化建设中，弘扬科学精神和人文精神，实现二者的和谐统一，是推动文化建设取得实效的重要基石。

五是坚持以人为本，促进学校事业发展。在推动学校事业发展的过程中，我们必须坚持以人为本的原则，促进师生素质的全面提升和全面发展。为此，我们需要构建科学合理、法规健全、管理有序的制度安排，以形成有利于"大学人"成长和事业发展的环境。同时，我们还应将校园文化视为核心竞争力，培育并形成校园文化建设和学校各项事业协调发展的理念。在推动学校事业发展的过程中，我们不仅要重视大学的教学科研基础设施和校园环境的建设，还要突出精神文化在校园建设中的重要性，努力实现大学精神、物质、制度和行为文化的和谐统一。通过创造一个更加优美、和谐、富有吸引力的校园环境，为学校各项事业的发展提供有力的支撑和保障。

六是坚持顶层规划与分步实施相统一。要对校园文化建设进行统筹规划，明确目标，并制订科学合理、切实可行的建设方案，同时还要合理调配资源，充分考虑速度与质量、规模与效益的平衡和统一。在结合学校实际情况进行规划时，我们要充分了解和考虑学校的具体条件。在实施过程中，我们要注重突出重点，分阶段实施，逐步建立和完善校园文化建设的机制。通过将有形载体与制度建设相结合，不断推进和完善校园文化建设，使其成为一种表现于行动、融化于心灵、固化于制度的文化形态。

第三章 大学文化建设的基本特点

当代中国，大学校园文化具有鲜明的社会主义先进文化本质属性，是以社会主义核心价值体系为指导方向，并具有鲜明时代特征的文化形态。具体而言，可概括为以下几个方面。

（一）中国特色社会主义先进文化的重要组成部分

大学文化作为一所大学的灵魂，应与我们所处的时代相符合，与我国的社会主义意识形态和文化大背景相协调。以中国现实为基石，中国特色社会主义先进文化是以马克思列宁主义、毛泽东思想、邓小平理论、"三个代表"重要思想、科学发展观以及习近平新时代中国特色社会主义思想为指引，反映我国社会主义性质和特征的文化形态。作为我国先进文化的重要组成部分，大学校园文化必须坚定不移地秉承先进文化的正确方向，并以社会主义先进文化的内涵为理论基础。只有这样，我们才能为大学的改革和发展、为建设"双一流"大学营造良好的精神氛围和物质环境，为实现培养高素质人才、创造高水平成果、更好地服务社会以及促进文化传承创新这四大目标提供坚实的文化支撑和心灵滋养。

（二）以社会主义核心价值体系为导向

大学文化是一所大学的灵魂，它从本质上体现了价值信念体系的重要性和深刻性。为了确保大学文化的先进性，必须把正确的政治导向放在首位，并以社会主义核心价值体系作为根本的价值取向。这个核心价值体系在指导思想、理想信念、价值取向、道德规范以及行为方式等方面，为社会主义先进文化建设提供了全面而系统的规范，它不仅是社会主义先进文化的根基，还是构建社会主义和谐社会的思想和文化源泉，更是大学文化建设的核心所在。在大学文化建设的过程中，要坚持以社会主义核心价值体系为价值取向和指导，引导师生员工牢固树立社会主义核心价值观、树立中国特色社会主义共同理想，弘扬和培育以爱国主义为核心的民族精神和以改革创新为核心的时代精神，充分展现"大学人"这个特殊社会群体的精神风貌、道德品格和社会责任。

（三）以师生为本

社会文化的成熟和发展，需要一定的条件，其中最重要的就是以人为本。坚持以人为本、把人的利益和需求作为各项工作的立足点和落脚点，是社会主义先进文化建设的核心要求。要坚持以师生为本的思想，把软环境建设摆在更加突出的位置，形成有益于促进大学师生自由全面发展的、有利于科学创新的、充满生机与活力的和谐校园文化环境。要在校园文化建设中建立尊重、关心、支持师生发展、成长的文化模式，倡导以德为先的人格标准，为每个"大学人"的成功创造条件、铺设平台，不断提升校园硬件环境的文化含量与文化品位。要从师生的实际需要出发，充分调动师生参与的积极性、主动性、创造性，在建设校园文化的过程中提高师生的整体素质，发挥校园文化潜移默化的影响作用，与时代精神紧密结合，起到影响人、感召人、引导人的良好效果，使校园文化的内涵不断丰富、深化和发展。

（四）以培养高素质创新型人才为目标

当代大学承载着培养和塑造适应未来发展需求的高素质创新型人才的崇高使命。因此，大学文化建设应以提升人的素质和促进人的全面发展为目标。在大学文化建设工作的每一个环节，我们都应将实现培养高素质创新型人才的目标放在核心位置，以培养高素质的社会主义事业的合格建设者和接班人为根本出发点与落脚点。只有坚定不移地围绕培养人才这一中心任务，坚持正确的方向与导向，才能彰显大学校园文化的社会辐射力、影响力、创造力和凝聚力，才能真正为培养高素质创新型人才提供有力的支撑，为推动社会主义事业的发展贡献力量。

（五）以"场"为存在形态

大学文化场是一种独特的文化生态圈，它不仅是校园文化的存在形式，更是校园文化建设的关键维度。它虽无法触及，但可以精心构建；它虽无形，但人们可以真切感受到它的存在，它的影响深远而广泛。大学文化场并非简单的空间之和，而是一个具有关联性、渗透性、辐射性、开放性的特殊领域。大学精神、物质、制度、行为是校园文化建设中4个相互独立的"场",它们在不断的建设发展中积累与交融,使大学文化场的强度不断提升、空间不断拓展。

第四章　大学文化建设中的几个关系

一、大学文化建设与"双一流"建设的关系

自创立伊始，高等学府就承载着传播知识、培育英才的崇高责任，同时扮演着传承人类文明、塑造时代精神的重要角色。大学的发展以理念的更新为先导，以制度的创新为保障，而理念与制度的更新和发展又都以文化建设为基础。因此，高校间的竞争最终将转化为文化软实力的角逐。此外，加强大学文化建设，是推动改革发展的重要力量，也是促进校园和谐的必要举措。在加快学校改革发展的过程中，可能会出现一些不和谐的现象。诸如人文精神滑坡、办学功利化、学术造假等。我们应更加注重在全校上下形成共同的价值观和精神追求，凸显大学文化建设和思想政治教育的引领作用，力求在更高的层面上实现动态和谐。只有这样，我们才能实现更高起点上更高层次的发展。

《统筹推进世界一流大学和一流学科建设总体方案》明确提出，将传承创新优秀文化作为重要改革任务之一，凸显了大学在承担继承和发扬优秀文化方面的关键角色。在建设世界一流大学的过程中，除了强调一流的教学、师资和学术，更要注重一流的大学文化的建设。一流的大学文化不仅是大学建设的核心灵魂，还将引领并贯穿"双一流"建设和高等教育综合改革的整个过程。这也是我国从高等教育大国向高等教育强国转变的必然要求。

（一）文化是决定大学精神内核和发展方向的重要因素

大学，作为人类文明进步的结晶，不仅是知识的海洋，更是精神的家园。其独特的精神内核和发展方向，皆由所在社会的文化环境所决定。大学文化是大学在长期办学过程中形成的独特理念和特色，是校风、学风、教风的重要体现，承载着大学的精神内核，引领着学校的发展路径。大学的"双

一流"建设需要以强有力的思想核心为指引,而大学文化集历史积淀、发展理念和共同价值等于一体,是引领大学发展的重要力量。因此,大学文化无疑是保持"双一流"建设事业稳定持续发展的原生动力和核心竞争力。

(二)文化决定了师生的认同程度和投入程度

文化是决定师生对学校认同程度和投入程度的重要因素。文化的力量是不可忽视的,它能够影响人们的思想、行为和价值观。大学文化的形成过程,充分体现了师生共同的理想、信念和追求。在相同文化氛围的熏陶下,师生容易形成共同的文化自觉和价值观。这种文化自觉和价值观,能够显著增强师生对学校发展建设的认同度和投入度。作为全校参与的战略任务,"双一流"建设迫切需要内在的、强大的文化来统一思想、凝聚力量、汇集智慧。因此,"双一流"建设离不开文化蓄力的独特作用。

(三)文化决定了大学的立校特色和品牌声誉

文化,是大学独特历史传统、文化积淀、特征风貌的生动写照,同时也展示了每所大学无可复制的办学特色。文化的独特性贯穿在人才培养特色、研究与学科特色、办学综合实力、媒体美誉度等多个方面,并体现在办学精神、形象标志、文化活动、社会引领力等多个领域。这种文化的独特性,是实现"双一流"建设社会效应和品牌效应的助推器,同时也是一种放大器,让大学的魅力充分绽放。文化是大学的灵魂,可以凝聚人心、展示形象。在快速发展的现代社会中,文化的独特性成为大学不可或缺的财富。

在人才培养特色方面,文化塑造了大学的学风和氛围,影响着学生的思想观念和行为举止。具有优秀文化的大学能够培养学生独特的思维方式和创新能力,帮助学生成为具有国际视野、社会责任感的人才。

在研究与学科特色方面,文化为大学的学术发展提供了源源不断的动力。文化的独特性不仅体现在学科的交叉融合上,还体现在学术研究的创新突破上。具有优秀文化的大学能够吸引汇聚顶尖的学术人才,产生具有国际影响力的科研成果,推动科学技术的发展。

在办学综合实力方面,文化是提升大学整体水平的重要因素。文化的独特性不仅在于拥有丰富的历史积淀和优秀的传统,还在于具备不断开拓创新、适应时代发展的能力。具有优秀文化的大学能够优化资源配置,提高教学质量和科研水平，推动大学向更高层次发展。

在媒体美誉度方面，文化是塑造大学形象的重要手段。文化的独特性能够让大学在社会公众心目中留下深刻的印象。通过宣传和推广大学的优秀文化，能够提升大学的知名度和美誉度，吸引更多的优秀学子和社会资源。

二、服务社会与引领文明的关系

大学文化，作为社会的精英文化，一直以来都是社会文化的精神支柱，发挥着引领和主导社会文化发展方向的重要作用。这种文化的力量，不仅给人以思想启蒙，而且影响着整个社会政治、经济的深刻变革。

以北京大学为先导的"新文化运动"在20世纪初兴起，犹如一道闪电，照亮了那个时代的黑暗。这场运动不仅在思想上给人以启蒙，而且在行动上推动了一场深刻的社会变革。它弘扬的民主、科学的精神，如同一股清流，冲破了封建旧思想的束缚，激发了人们对自由和真理的追求。

国立西南联合大学尽管存在的时间仅有8年，但在战时条件极端艰困之日，却始终弘扬爱国、民主、科学的精神，自强不息，刚毅坚卓。这种精神，正是我们今天仍然需要并应继续传承的，它是宝贵的精神财富，是我们前进道路上的明灯。

我们的大学文化，不仅要在校内凝聚人心，而且要充分发挥对社会文化的助推和引领作用。大学文化是社会文化的风向标，它应该与社会、城市的文明和发展有机结合起来，共同构建一个和谐发展的社会。只有这样，我们的大学文化才能真正发挥出其应有的价值，为社会的发展贡献出更多的力量。

三、传承与创新的关系

大学文化是一种独特的文化形态，它既承载着传承高等教育的本义，即弘扬学术精神、追求真理、培养人才等核心价值，也注重创新，以创新保持自身不朽的活力。

以燕山大学为例，百年历史是其一笔宝贵的财富，是其精神的传承和文化的积淀。而在传承百年历史的过程中，燕山大学应该更加注重对时代特征的把握，不断加强技术创新和知识创新，同时也要与现代社会的需求相结合。燕山大学还要保持文化、思想、观念创新的自觉性与主动性，不断丰富和发展燕山大学的精神文化内涵，提升燕大人的精神品格和价值追求。

四、共性和个性的关系

每所大学的区域、办学理念、办学规模、办学历史、办学目标和发展方向等存在个体差异，而这些因素都会影响学校文化内涵的形成。世界上没有两片相同的叶子，世界上也没有两所一模一样的大学，每所大学都有自己独特的个性和魅力。例如，斯坦福大学的校训是"让自由之风吹拂"，强调自由和开放的创新精神；哈佛大学的校训是"与柏拉图为友，与亚里士多德为友，更要与真理为友"，体现了其追求真理和学术卓越的价值观；北京大学的学术传统是"包容并蓄、学术自由"，强调多元文化和思想自由；清华大学的校训是"自强不息、厚德载物"，强调不断追求进步和发展，同时注重道德和社会责任。

因此，大学文化的建设不应是简单的拷贝、模仿，而是要注重形式的独创性和内容的代表性。在进行大学文化建设时，要考虑学校的独特历史、传统和价值观等因素，同时也要注重与时代和社会发展的紧密联系。只有这样，才能形成具有独特个性和魅力的大学文化，为学校的发展和学生的成长提供有力的支持和保障。

同时，在大学文化建设上必须加强学校间的相互交流。通过相互交流，不同学校可以分享各自的经验和优势，促进彼此的成长和发展。同时，这种交流也有助于提高学校的整体水平和声誉，为整个高等教育事业的发展作出更大的贡献。

五、学校文化与学院文化的关系

在一所综合性大学的发展过程中，不同学科的思维模式、不同教育背景的学习方式、不同年龄阶段的价值追求必然会存在一些不一致的地方，甚至发生冲突。但是，这些冲突和碰撞正是大学文化发展的驱动力，促使各种价值观在相互影响和交流中不断融合，形成更具特色的大学文化。

在这个过程中，大学的核心价值观起着重要的引领作用，使各院系、各基层单位可以建立各自的精神文化体系，打造各具特色的文化氛围。

这些不同的文化氛围汇聚在一起，形成了求同存异、丰富多彩、百花齐放的大学文化场。在这个文化场中，不同学科之间的交流和合作得以加强，不同背景师生之间的互动更加频繁，不同年龄阶段的价值追求在相互碰撞中逐渐融合。

通过这种方式，大学文化得以不断发展和繁荣。各种价值观的冲突和融合不仅促进了校园文化的多元化和创新性，还提高了师生的文化自觉和文化认同感。最终，这种具有包容性和开放性的大学文化将为学校的发展注入强大的动力和活力。

六、虚与实的关系

文化建设是一项复杂的任务，它涉及内在的价值观、理念和精神，具有"虚"的特性，难以用简单的量化标准来衡量。由于考核和评估的困难，很容易出现有目标却没有相应的考核机制、有落实却缺乏明确的责任归属、有问题却无法及时处理的情况。

但文化建设又必须是实实在在的，每一草每一木、每一言每一行都是文化的具体体现。一所大学的精神和传统正是通过一个个校园活动、一件件活生生的事例表现出来的。无论是教学、科研还是管理、服务，大学文化和大学精神无处不在，它是整个校园生活的基石。

因此，为了有效地推动大学文化建设，必须制订明确的规划，并将这个规划的具体内容融入各个学院、各机关部处和直属单位的规划中去。我们需要探索并建立一套针对文化软实力的考核体系，以推动全校文化建设的开展。各基层单位也应积极创新文化建设的载体，丰富文化建设的途径，从而提高文化建设的有效性和针对性。这样，我们才能让文化建设真正成为大学教育的重要组成部分，并充分发挥其影响力和价值。

第二部分 大学文化建设的实践案例

第一章 思想引领篇

第一节 理想信念教育

案例一：

"百团巡礼·献礼百年"
——庆祝建党100周年社团文化展示活动

项目特色：

学生社团是大学校园文化创新建设中的重要组成部分，在校园文化建设中有着极为重要的作用。为庆祝中国共产党成立100周年，创新校园红色文化展示形式，2021年5月，燕山大学团委开展了"百团巡礼·献礼百年"庆祝建党100周年社团文化展示活动。活动受到广大师生欢迎，现场观众数量累计达8 000余人次。"百团巡礼·献礼百年"社团文化展示活动将青年梦想与祖国发展紧密联系，呈现了丰富多彩、富有内涵的学生社团文化成果，展现了广大青年学生青春向党、同心筑梦的时代风貌，唱响了青春主旋律，弘扬了青年正能量，在青年学生中厚植爱党、爱国、爱社会主义的情感，使得校园文化氛围更加浓厚。

开展情况：

"百团巡礼·献礼百年"庆祝建党 100 周年社团文化展示活动，以"传承燕大精神、培育内涵文化、激发青年热情、砥砺奋进担当"为主题，打造校园文化的多维立体模式。

"百团巡礼"活动以社团为主力，围绕发掘开创性思维、凝聚社团文化为活动主旨，将学生社团及其活动作为高校第二课堂教育的补充和延伸，突显专业的交叉性、活动的实践性、文化的融合性。

活动结合各学生社团的性质、类别以及社团文化，将各类学生社团特色展示按照一定的文化脉络穿插到舞台表演过程中，包括歌曲、舞蹈、相声、情景剧、民乐、书法、中华武术、学生科技作品展示等内容（见图1-1，图1-2），引领学生回忆党的百年征程，歌颂党的丰功伟业，以青春力量赓续红色血脉，以坚韧毅力投身建党百年新征程，充分展示了学生社团的良好精神风貌和蓬勃向上的青春风采。同时，活动也有助于达成激发社团活力、凝聚社团向心力、提升社团服务力、增强社团成长力的"四力"目标，进一步丰富了社团文化建设和展示渠道，让文化推动校园文化内涵的提升，让校园在文化浸润里绽放光彩。

图1-1　社团文化展示活动——民乐演奏

图 1-2　社团文化展示活动——武术表演

案例二：

萃取百年党史，熔铸红色之魂
——弘扬伟大建党精神系列活动

项目特色：

燕山大学机械工程学院党委以"萃取百年党史，熔铸红色之魂"为主题，组织学生党员和党支部开展系列纪念活动，学习建党精神、讲好党的故事、学好党的知识、营造良好文化氛围、宣传党的光辉历程、激发青年学生政治热情，吸引当代年轻大学生紧密团结在党的周围，听党话跟党走，坚定社会主义信心和信念，以身边的优秀党员为榜样，打造建党百年纪念标志性活动。

开展情况：

该主题活动围绕 5 个模块开展，取得了以下成果：

第一，梳理了燕山大学机械工程学院党建发展历程。学院学生社团组织党务中心完成了对学院 1997 年建院以来历届党委组成、教工与学生党支部设置与调整、历任党支部书记名录、历年历届党员名册等数据的收集整理，编撰了《机械工程学院党建工作记录》（2022年版），并安排党建社团不断补充完善，保持动态更新，通过这种年鉴式梳理，建立相对完整的学院党建记录材料。

第二，学习建党百年厚重历史。为了深入了解党史，弘扬伟大建党精神，学院举办"我眼中的中国共产党"活动。通过组织参观党员组织生活馆，在学院微信公众号开辟学习专栏，举办微党课系列视频大赛、党支部专题学习等方式，动员和组织全院24个学生党支部集体参加，共组织党员发展对象、新生党员、毕业生党员等参观学习20多场，提交专题思想汇报200余篇10余万字，拍摄视频作品10余部，参与学习人数近3 000人次。

第三，创品牌式党员志愿服务。学院将建党精神学习、先优党员事迹展示和学生党员小微志愿服务活动整合为"奉献——党员在行动"宣传展示。把学习领会建党精神同为群众做好事、办实事、解难事结合起来，用实际行动践行党的初心使命。组织400余名新党员及入党积极分子参与志愿服务，其中，60余名党员参加实验室开放日志愿服务活动（见图1-3）；在开学季，6天提供240多人次超1 000小时的学生返校志愿服务。学院党员全年志愿服务总时长突破5 000小时。

图1-3　实验室开放日志愿服务活动

第四，将建党精神和党史学习主题纳入微党课视频大赛。微党课视频大赛历时2个多月，先后收到20多个学生党支部创作的各类视频作品60余部，参与人数达400多人次，作品涵盖了建党精神、党史教育、党员生活等内容。这一活动可以让学生从个体视角看身边的党组织和党员，以小见大，了解党在国家各项工作中的中流砥柱作用和党员在各项事务中的先锋模范作用。

第五，持续推进样板支部开展校际云共建。与哈尔滨工业大学、西南石油大学、重庆大学、广东工业大学等5所高校的7个研究生党支部联合开展研究生百个样板支部校际云共建。在全国百个研究生样板支部之间开展不同高校间、支部间的云端互学互促活动，吸取兄弟院校的成功经验，促进各自学院党建开放式发展。目前，燕山大学机械工程学院党委已将"云共建"项目面向全院党支部全面推广，学生党支部校际"云共建"和教工党支部校企"智联建"齐头发展。

第二节　爱国主义教育

案例：

学风建设新实践

——彩虹训练营

项目特色：

"彩虹训练营"是机械工程学院学风建设的全新实践，通过组织学业困难学生体验军人生活，强化组织管理，达到提升学习效率、锻造优良品质、塑造向上风貌、涵养优秀文化的目的，有效解决了学生的实际困难，获得了学生认可，取得了良好成效。

开展情况：

"学风是大学精神的集中体现，是教书育人的本质要求，是高等学校的立校之本、发展之魂。"如何帮助学业困难学生解决学业困难，摆脱学业困境成为学风建设聚焦的典型问题。为此，机械工程学院另辟蹊径，通过开办

"彩虹训练营",以体验式的"军事化"管理,帮助学业困难学生提振思想、重塑精神、养成习惯,从而提升学习成绩。

该训练营聘请退伍学生担任教官,主要吸收学业状态暂时不佳的学生为营员,统筹设计、动态完善,开展了全面、立体、丰富的活动。在活动组织中,要求统一着装,严格日常管理,增强组织纪律性。同时,通过组织学院领导讲党课、参观学科回廊院史展、每周红色观影等活动加强思想引领。参训期间,营员在教官带领下,规范作息时间,每天晨起出操(见图1-4)、晚训总结,严格控制手机、电脑的使用。通过一段时间的强化,很多学生养成了良好的行为习惯,提升了学习效率。学院为训练营准备了专用教室,保证营员的学习时间和学习环境;引导学生找到科学合理的学习方法,提升学习效率;组织"学霸讲堂"等学业帮扶活动(见图1-5),有效帮助学生解决学业困难,改善学习情况。除正常训练外,训练营组织军容风纪检查、破冰素质拓展、篮球赛、拔河比赛、按图行进、志愿服务等活动,力求在提升学生体验感的同时改变学业困难学生懒散萎靡的精神状态,重塑积极向上的精神风貌。训练营还组织了队列训练、退伍学生分享部队生活(见图1-6)、仿真枪械演练、急救包扎训练等活动,在营员当中宣传优秀军旅文化,同时也在校园中涵养优秀军旅文化。

图1-4 晨起出操

图 1-5　学霸讲堂

图 1-6　退伍学生分享部队生活

训练营举办以来,超过 60% 的学生较参加训练营前一学期绩点有所提升,超过 40% 的学生欠学分数减少。营员中有多年来"考一科挂一科"的"老大难"学生,参加训练营后实现了"零挂科"的重大转变;多名营员从普通营员成为教官助手,从自我管理转变为示范带头;一些营员受到教官熏陶,主动报名成为新生军训教官,成功完成了从被动要求到主动参与的转变,展现了喜人的精神风貌。

第三节　文明素质养成

案例一：

大学生诚信观培育系列活动

项目特色：

燕山大学经济管理学院结合自身学科特点，于2014年与燕山大学学生工作处共同出资设立"诚信基金"，并以此为核心和纽带，打造起一个集思想引领、青年励志、创新创业、经济助困、爱心奉献五大功能为一体的创新实践平台。经过逐步孵化，学生自主经营的"诚信小站""Safari 咖啡厅"等一系列以诚信理念为主导的校园文明公益项目不仅"活"了下来，而且实现了较为可观的盈利。这些项目以经营利润回补基金，从而达成了"诚信基金"的自循环。2020年，经济管理学院"经诚所至"辅导员工作室成立，开启了对诚信教育的纵深研究；2021年，大学生诚信教育中心成立，进一步加强对学生诚信教育的组织领导和统筹协调，巩固特色亮点，发挥学生在诚信教育中的主体作用。

通过进一步深化学生诚信教育，经济管理学院将提高学生诚信品质作为人才培养的重点工作，重视诚信认知养成、行为培育和情感培养，解决大学生在实际学习、生活和工作中存在的知行脱节、信而不行、知而不行的矛盾与问题，进而激发其成长发展需求的内生动力，引导其更好地履行诚信行为。

开展情况：

诚信既是一种道德思想，也是一种道德行为，知行合一是诚信的本质要求，也是诚信教育的最终目标。因此，从学生日常生活和学习入手，开展诚信行为养成、诚信观培育，更容易引起大学生群体的共鸣，更能够激励青年学生塑造优质人格行为、养成正向三观，实现更精准的育人效果。

该项目基于诚信知行发生机制，制定干预路径。

一是知信行机制下道德认知、情感认同、行为实践相互促进的实践路径。在诚信理性认知到诚信信念形成的过程中，情感认同是重要的内驱力。首先，通过牢固对诚信的理性认知，引导学生作出正确的道德判断，进而形成诚信情感认同。筑牢校园文化阵地，开展诚信主题班会、主题研讨、辩论赛、知识竞赛等校园文化活动；充分发挥网络阵地的作用，发布诚信倡议书，进行诚信微接力。其次，通过诚信实践教育深化认知，在不断的实践中形成诚信习惯，把诚信教育的实践活动和学生的日常学习、生活联系起来，营造良好的诚信环境。建设"诚信课堂"，云端自习室参与人数超过350人，自习时长超过200小时；线下课程督导查课次超过500次，课程出勤率达到98.16%；建设"诚信考场"（见图1-7），通过考前纪律宣读、党员考场亮身份、签订诚信承诺书、学院领导和辅导员巡考制度等措施，有效强化了考风考纪。最后，通过培育典型，树立诚信价值观，营造良好氛围。继续做实品牌项目——"诚信小站"（见图1-8）校内无人看守购物平台。"诚信小站"2014年开始运营，至今已覆盖东、西校区，共11个站点，成效不断得到巩固，力求让诚信行为在全校范围成为生活习惯。开展诚信班级、诚信宿舍建设评选，让诚信覆盖学生学习生活的每个单元。

图1-7 诚信考场

图1-8 诚信小站

二是知畏行机制下道德意识、法治意识、责任意识三位一体的实践路径。将诚信的认知教育与法治教育相结合，突出责任意识教育，借助校园文化活动营造良好的诚信舆论氛围，并通过惩戒诚信失范行为起到规范效果，通过一些硬核力量的限制，促进知行的顺利转化。首先，基于诚信失范情况，让学生了解诚信知行不一的严重后果，懂得失信的风险远大于失信的"利益"。广泛开展考风警示教育，编撰经济管理学院考风警示案例集；开展资助诚信教育，普及征信知识。其次，立足更大的格局，教育引导学生将个体与社会、眼前与长远、利益和价值关联起来，明确作为青年学生的责任和使命。一方面，拓展诚信实践的功能。依托"诚信基金"，开展资助育人和创新创业教育，连续5年参与"青燕扶贫助学计划"，资助青海德令哈的学生；参与"熙燕计划"，捐助新疆贫困生冬季棉衣125套；先后资助7位家庭突发变故的学生，共计1.4万元；至今资助总额达到12万余元。孵化的学生自主创新创业平台Safari咖啡厅践行诚信经营理念，改善经营方式，月销售额过万。另一方面，深化价值取向的塑造功能，引导学生摒弃失信行为背后的价值取向，塑造正确三观。2023年，经济管理学院共有5名毕业生加入研究生支教团，2名毕业生投身服务西部计划，1名学生获得全国大学生自强之星称号，2 名学生获评燕山大学年度人物，10 名学生参与暑期支教，6 支社会实践团参与乡村振兴，用实际行动将个人发展融入党和国家事业。

　　国无德不兴，人无德不立。社会主义诚信价值观作为一种"德"，承载着国家、社会、个人的情感认同和日常行为，有着深厚的中华优秀传统文化底蕴。青少年是人生的"拔节孕穗期"，高校是学校教育集中系统守护青年学生正确世界观、人生观、价值观的最后一块阵地。教育工作不仅要对青年学生的"现在进行时"负责，更要对他们步入社会后的"一般将来时"负责。新时代，培育和践行社会主义诚信价值观的基础在于教育引导，关键在于实践养成。该项目通过进一步深化学生诚信教育，将提高学生诚信品质作为人才培养的重点工作，重视诚信认知养成、行为培育和情感培养，解决大学生在实际学习、生活和工作中存在的知行脱节、信而不行、知而不行的矛盾与问题，进而激发其成长发展需求的内生动力，引导其更好地履行诚信行为。最终，通过在校园当中厚培诚信育人文化热土，坚持为党育才、为国育人，矢志为党和国家培养出德智体美劳全面发展的优秀人才。

案例二：

新时代大学生敬业观培育路径探索与实践

项目特色：

　　燕山大学经济管理学院在"诚信"主题活动基础上，衍生出了"敬业"主题系列教育活动。"敬业"主题教育通过开展敬业意识培养、实践参与、典型带动等丰富多彩的活动，帮助学生树立敬业精神和工匠精神，使其更好地完成学业，更好地择业就业，更好地实现全面发展。

开展情况：

　　项目以"理论－实践－环境"的模式开展。

　　第一，理论为基，加强敬业价值观培育。发挥班团会的载体作用，开展敬业精神大讨论，引导广大学生加强对敬业精神的理解。经管学院辅导员兼职思想政治课教师，将敬业价值观融入思政课，创新教学方式，尝试进行探索式、沉浸式的课堂教学，通过正面引导将思政课与敬业价值观的培育相结合。主动与任课教师沟通，发挥专业课程的育人作用。专业课教师凭借理论经验及研究特长向学生介绍本专业的未来发展形势，增强学生对专业的认知度和归属感，让学生把专业知识学习与社会发展需要相结合，树立正确的学习态度和敬业价值观。

发挥就业指导课程的关键作用。大学生对未来职业生涯的规划会影响其对待学业的态度和求职就业的方向。在就业指导中，召开就业指导会、就业启动推进会等，提高学生对职业认知教育、职业理想教育、职业价值观教育的重视度，使大学生能够将社会需求与自身就业方向相结合。

第二，实践导向，推进敬业走实走深。以职业规划大赛、经管新手辩论赛等活动为载体，创造出有利于培养当代大学生敬业价值观的"土壤"。通过开展以"敬业价值观"为主题的辩论赛、演讲比赛以及征文比赛等，使学生在参与过程中将敬业价值观内化于心、外化于行。同时将敬业价值观与专业技能竞赛、创新创业竞赛等的考核指标进行有机结合，让学生充分认识到敬业价值观对专业学习、职业规划以及创新创业的引领作用。组织学生进行"我看敬业"讨论活动，通过组织学生开展敬业主题班会，深化其对敬业内涵的认识和对敬业精神的理解，强化其敬业意识，增强其敬业自觉。学院在开展敬业教育活动过程中将诚信教育融入其中，结合"诚信基金"，打造了一个集思想引领、青年励志、创新创业、经济助困、爱心奉献五大功能为一体的创新实践平台，通过不断积极探索创新敬业教育活动的方式方法，激发学生的参与积极性，培育学生良好的敬业价值观。敬业价值观培育不能仅停留于理论文字，"认识—实践—再认识"才是一个螺旋上升、获得真理的最好过程。利用学生实习实践环节，开展"在实习中感悟爱岗敬业"系列活动，增强学生的敬业意识。

第三，强化宣传，营造良好文化氛围。人会在潜移默化中受到环境的影响，大学生最常接触的就是校园文化环境，故必须营造良好的校园文化环境。敬业价值观作为一种精神文化应融入校园文化中，丰富校园文化内涵。要想做好敬业价值观宣传，就要把握重要节点，开展主题实践活动。例如，在毕业季、新生开学季等节点，开展"寻找身边敬业典范"主题活动，进一步加强学生敬业观教育，引导广大学生从身边寻找敬业典范。通过组织"树立良好学风，争当学习标兵""新生入学教育敬业典范事迹宣传"等活动，广泛深入宣传敬业爱学典型的先进事迹，充分展现敬业典型身上的闪光点、动人点，在学生中形成敬业爱学、学有所长的良好校园风尚，让敬业精神入脑入心入行。发挥朋辈引领作用，邀请优秀的毕业生和在校生进行交流讲座，与学生分享自己的亲身经历，传授自身经验，通过面对面交流与学生产生共识，传递负责敬业的精神，使大学生的敬业价值观得以巩固与深化。

利用媒体平台进行宣传。大学生获取信息的方式正随着信息技术的发展变得多元化，良莠不齐的信息正全方位冲击着大学生的学习和生活，给敬业价值观的形成带来了巨大的挑战。学校通过微信公众号、学校官网以及微博等社交媒体平台加强对敬业价值观的认知宣传，对爱业乐业、敬岗爱学的典型人物加以肯定和赞扬。同时利用舆论的引导功能，将具有正确价值取向的文章和话题推送给学生，使学生在讨论和转发过程中形成正确的敬业价值观认知和体验。

第四，评树典型，开展学生先优评比。开展共青团系统先优评比、国家奖学金、三好学生标兵、先进班集体等评选活动，先后有400余人次学生参与评比学习活动。通过评比，为广大学生树立了敬业爱学的榜样，促进了学生之间的交流互通，发挥了同辈群体的传带、引领作用，让学生们汲取学习经验，取长补短、为我所用，有利于让敬业价值观从内部萌芽。为培养学生们勤学善学、爱岗敬业的优良品质，经管校友王海军捐资100万元设立"衔泥"奖学金，用以奖励品学兼优、成绩卓越的学生和履职尽责、业绩显著、知行合一、成果突出的学生干部。"燕竞鸿鹄，衔泥为山。"作为经管学院敬业系列活动主打品牌的"衔泥"奖学金评选活动已进行了多届，目的是让广大学生如王海军校友的寄语那样以"日拱一卒，衔泥为山"的精神成就自己的学业和事业。

敬业教育活动的开展受到了学生的广泛关注，吸引了广大学生的积极参与，取得了良好的效果。经过近10个月的努力，学生中的"爱岗敬业风"更加浓烈，这为学生之后走向工作岗位奠定了坚实基础，也为其个人理想和人生价值的实现插上了翅膀。

第四节　大学精神传承

案例一：

"三位一体"的校史育人新模式

项目特色：

燕山大学全心打造校史陈列馆、校史宣讲团、校史文化节"三位一体"的"以史育人、以文化人"新模式，让燕大校训、燕大精神、燕大人文化品格深入人心，薪火相传，助力学校内涵式高质量发展。燕山大学已连续举办三届校史文化节，近3万名师生踊跃参与，反响热烈，激发了广大师生和校友的爱党、报国、荣校情怀，为学校构建"多向锻造式"大思政育人格局提供了有力支撑。

开展情况：

校史文化是学校在长期办学过程中形成的核心价值，是对精神文化内涵的升华，是学校重要的育人源泉。参观校史陈列馆是燕山大学所有新生入学教育的"第一堂课"（见图1-9）。校史和校史文化在发挥资政育人功能、推动校园文化建设，展现学校精神风貌、扩大学校社会声望等方面发挥着不可替代的巨大作用。

图1-9　新生参观校史陈列馆

燕山大学通过全心打造校史陈列馆、校史宣讲团、校史文化节"三位一体"的"以史育人、以文化人"新模式，育人效应凸显。

校史陈列馆已接待各级领导、师生、校友、社会各界参观者超 5 万人次，被共青团河北省委、河北省少工委命名为"河北省青少年教育基地"。校史陈列馆拥有一支师生共建的校史宣讲团队，自组建以来，共有 160 余名师生参与其中，为校史育人活动的开展和校史文化的广泛传播贡献了智慧和力量。2021 年和 2022 年，燕山大学成功举办了第一届和第二届校史文化节，近 2 万名师生踊跃参与，反响热烈、收效良好。"校史的荣光与力量"主题征文比赛，"知校史、爱燕大"主题海报设计大赛，"书情怀、向未来"主题短视频创作比赛，"我是光荣的燕大人"网络校史知识竞赛等竞赛类活动，让每一位参赛者对燕大校史、燕大精神、燕大人文化品格有了更深刻的认识，获得了无限的动力；"人人争当校史讲解员"互动体验活动，"学校史、在路上"校史知识竞答活动，"我眼中的国之重器"壁画绘制体验活动极具趣味性和互动性，深受在校生欢迎，实现了寓教于乐的目的，让校史文化贴近学生、融入生活，真正做到培根铸魂、启智润心。围绕国家大事，整合校内外资源，先后举办了印章展、冬奥展、双创展等主题展览，成为思政"活教材"，有利于激发师生的爱党、报国、荣校情怀，助力学校构建"多向锻造式"大思政育人格局。作为学校特色文化品牌，第三届校史文化节的内容更丰富、形式更新颖，更具深度和广度，既有"校史第一课"参观教育活动，又有"印记初心、涵养品格"活字印刷（见图 1-10）、"岁月烙印、迹忆犹新"非遗烫画（见图 1-11）、"人人争当校史讲解员"等互动体验活

图 1-10　活字印刷体验活动

动，也有校史翻译、口述访谈（见图1-12）、年鉴编撰、实物征集等校史编研活动。

图1-11　非遗烫画体验活动

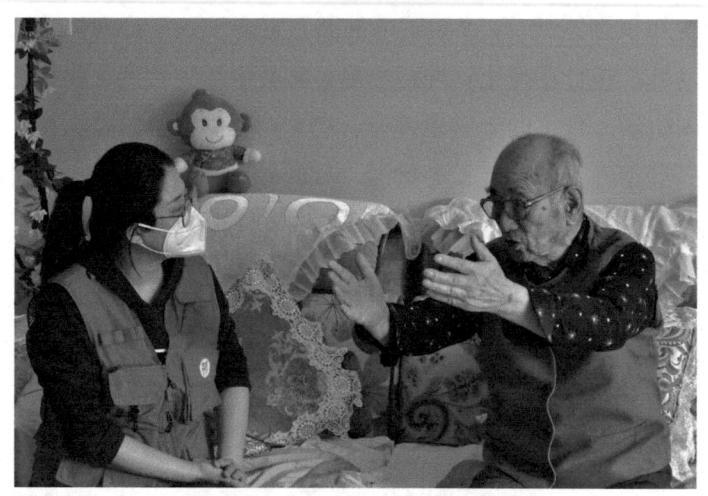

图1-12　校史口述访谈

燕山大学通过深入挖掘校史档案资源的潜力和价值，充分发挥其文化育人功能和浓郁校园文化氛围的积极作用，将新生接受校史教育这一优良传统持续发扬光大，将校史文化节全力打造成为一个全新的校园文化品牌，旨在讲好燕大故事、展示燕大风采，传承燕大精神、弘扬燕大文化，激励全体燕大人以史为鉴、开创未来，从百年校史中坚定信念、汲取智慧、传递力量。

案例二：

培养"燕大人文化品格"的青年教师俱乐部建设

项目特色：

近年来，燕山大学青年教师群体规模不断扩大，如何引领青年教师更好更快成长，如何实现燕大人文化品格在青年教师中传承与发展，是教师队伍建设亟待解决的问题。燕山大学机械工程学院青年教师俱乐部聚焦青年教师的发展需求，搭建常态化交流平台，充分发挥各类文化活动的育人功能，引导青年教师确立正确的思想观念和价值判断，提升其文化素质、职业道德、集体荣誉感，进一步推动了燕大文化、燕大机械文化的代际传承，凝聚了青年教师的巨大能量，推动了各项事业的高质量发展。

开展情况：

机械工程学院通过成立青年教师俱乐部，关注青年教师发展需求，立足于引领、凝聚、服务青年教师，为青年教师的思想、学术、文化、生活等方面搭建了全方位的交流平台，积极打造"事业发展"和"情感和谐"共同体，助力青年人才全面发展，从而为学校、学院的事业发展作出贡献。

新生代的青年教师，肩负着培养新一代人才的责任与使命。学院推出"燕鸣大讲堂"系列活动之"燕鸣对话"栏目，特邀燕山大学专家学者、杰出校友，由青年教师担任主持人对其进行一对一访谈。嘉宾讲述他们与燕山大学一起成长的故事，分享他们的人生经历、科研生活与思想等，从不同侧面感受他们对科学研究的热情与执着、开拓进取的精神和拳拳的爱国心。

黄真教授在访谈中讲述自己在艰苦的时代的求学经历。他响应祖国的召唤，从南方辗转东北求学，服务于建设国家重工业，深深地体现出"天下兴亡，匹夫有责"的爱国情怀和时代担当。黄真教授始终脚踏实地做学问，刨根问底地做科研，坚持追求真知，不迷信权威，另辟蹊径地在科研工作中融入了哲学思维，展现了真正的学者风范。黄真教授在访谈中还谈到自己在培养硕士生、博士生过程中的育人思路，通过"理论创新—机械发明—企业制造—实际应用"的科研育人路线，培养出了丁华锋等行业杰出人才（见图

1-13)。王益群教授回顾了燕山大学液压专业的创办与发展经历,讲述如何突破板带生产中的关键技术难题,如何在近 20 年轧机厚度控制研究中实现次第创新,打破国外大公司长期对我国核心技术市场垄断的局面,为我国迈向钢铁强国提供了技术支撑(见图 1-14)。

图 1-13　黄真教授与青年教师对话

图 1-14　王益群教授与青年教师对话

正是由于前辈学者不畏艰难、自强不息的奋斗基因，严谨专注、精益求精的工匠精神，敢于创新、善于创造的卓越品质，心系祖国、服务社会的家国情怀，才为学院的发展打下了坚实的基础。通过青年教师与前辈一问一答的谈话互动，使新时代青年人才更加了解学院学科发展历史，深刻感受到学院创立历程的艰苦。这一活动对青年教师的思想具有积极的引领作用，有利于传承燕山大学机械人的使命感、理想与情怀，激励青年教师树立远大职业理想，使青年教师的集体主义精神得以彰显，集体荣誉感得以强化。"燕鸣对话"以对话形式搭建了一个开放互动平台，邀请老教授、青年教师共同参与，访谈内容更加具有针对性、教育性。"燕鸣对话"采取了视频录制的方式，真实记录了前辈学者的学习、工作、科研经历，是培养青年教师科研能力、育人能力、师德师风最真实的教材。这一访谈节目在学院公众号推出后，观看人数达 4 000 人次以上。这些珍贵的影像资料是燕山大学机械精神、机械文化的承载，对展示、传承燕山大学机械文化具有重要的价值，也为燕山大学机械文化的传播注入了新的活力。

"燕鸣论坛"学术沙龙活动，通过论坛的方式引发学术争鸣，探寻学科发展新方向，汇聚学科发展力量，夯实学科基础，形成浓郁的科研氛围，为学院青年教师群体搭建了更广阔的学术交流平台（见图 1-15）。青年教师通过平台分享各自的学术经历、主要研究领域、所关注的学科前沿，沟通学术见解，交流学术观点，拓展学术思路，促进不同团队、不同领域间的交叉融合，为相互之间今后的科研合作提供了契机。"燕鸣论坛"抓住青年教师培养的关键环节，优化顶层设计，推动实践探索，破除发展瓶颈，促进科研团队、青年教师协同创新，加强有组织科研，助力青年教师快速成长，大力培养学院未来发展的中坚力量。就形式而言，"燕鸣论坛"采用在线直播方式进行，为各广大师生提供了一个便捷、移动的参会入口，能够有效突破地域空间限制，实现更广泛的沟通交流，同时可以扩大学院的影响力。每一场学术报告会议结束后，学院将视频资源整理留存，成为学院宝贵的学术资源。

学院举办本科毕业设计（论文）青年教师指导培训会、国家自然科学基金申报培训会等活动，瞄准青年教师的迫切发展需求，围绕学院的事业发展重点和方向，开展青年教师培训工作。培训活动旨在提高教师专业素质能力，引导青年教师走专业化成长之路，提升教学科研理论水平与技能，加强系列活动的有效性和针对性。一批治学严谨、经验丰富的优秀教师作为培训导师，在对青年教师进行教育培训的同时，还言传身教地引领他们成长，将燕大机械工程学院优良的育人文化传统传承下去。

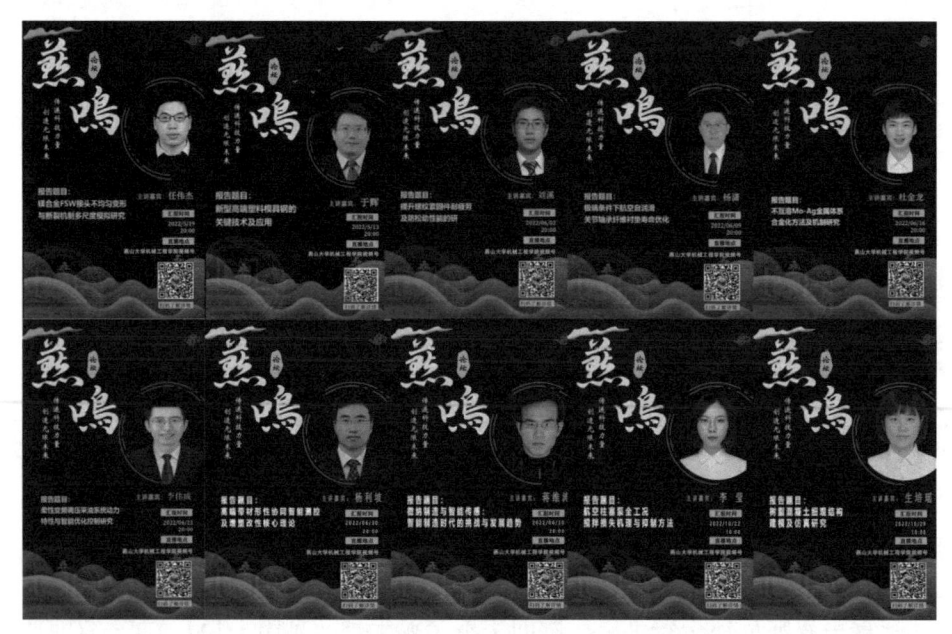

图 1-15　燕鸣论坛

第二章 文体艺术篇

第一节 高雅艺术体验

案例一：

长城舞传
——高雅艺术润燕园系列活动

项目特色：

燕山大学舞蹈表演专业全体师生以"长城舞传"为主题，通过"溯舞千年""踏舞万里""共舞一心"3个篇章，诠释"以舞现长城文脉、以舞传长城情义、以舞展中华文明、以舞承长城精神"的主旨思想（见图2-1）。演出用动情的舞蹈语汇歌颂长城精神，展现了燕山大学青年学子的"奋斗基因、工匠精神、卓越品质、家国情怀"，是舞蹈专业国家级一流课程、省级一流学科建设的教学成果体现。

开展情况：

长城舞转的第三篇"共舞一心"以原创舞蹈《秦时明月汉时关》赞颂长城精神。该作品灵感来源于"天下第一关"山海关的一段历经千年风雨洗礼却依旧完整保存下来的古代城墙。舞蹈通过演绎长城从单一城墙到绵延不绝且屹立不倒的万里长城，折射出中华民族自强不息、顽强拼搏的民族精神。作品运用中国太极元素与现代舞结合的表达方式，从长城演变、历经风雨、自强不息3个角度进行作品的设计与创作。

作品第一部分"长城演变"，围绕由"一"到"万"的主旨，从"一块砖"到"一面墙"再到"万里长城"，分别通过独舞、七人舞、群舞的形式

图 2-1 "长城舞传"演出现场

表现万里长城"形成—发展—演变"的过程。作品通过队形的改变，以不断流动的形式还原出不同地段的长城形象，并最终形成最为经典的"之"字队形，以表达长城的雄伟与连绵。第二部分"历经风雨"，主要在"之"字队形中完成，以"卡农"为主要编舞技法，通过对同一组动作进行依次卡农、间隔卡农、变数型卡农的变化形成视觉冲击。不断地倒地爬起表现出在历史中遭受风雨，同时表达了中华儿女在历史进程中顽强拼搏的精神。第三部分"自强不息"，是整支舞蹈的高潮，是拼搏后迎来胜利的情绪表达，是自强不息的精神诉说。密集的"之"字迅速散开，冲向方阵，以齐舞动作表现团结一致、无畏困难的精神。在舞蹈的结尾，演员用身体连接出形似长城的造型，与开篇设计相呼应，表现出历经沧桑后的胜利，以及中华儿女自强不息的民族精神。

编导利用拟人的手法成功地创造了主客体相融合的艺术境界，有着极高的艺术审美价值，给予观众新颖的视觉效果。原创舞蹈《秦时明月汉时关》

在舞蹈动作的编排中还将现代舞与中国功夫及其气韵相糅合。为了更好地表现长城是中国著名遗存的物质文化遗产，展现中国特色，编导融入太极的元素，强调舞者动势的"画圆"轨迹，又强调身体的呼吸与动作中"气"的贯通，舞者的踝关节、髋关节、腰、胸、头，由下而上，一节一节地发力，机械式的舞姿中又透着"欲前先后，欲左先右"的中国气韵。

该项目立足本土、扎根民间，致力于弘扬优秀传统舞蹈文化，形成了一系列具有代表性的教学成果，为舞蹈专业一流人才培养建设贡献了力量，并以优秀作品为载体，在燕山大学的校园文化建设中产生了积极作用。原创群舞《秦时明月汉时关》在校内演出共计4场，包括燕山大学五四晚会、燕山大学2023届毕业晚会、燕山大学长城学会"长城谣"晚会、燕山大学2023级迎新晚会。同时还参加了秦皇岛市旅游与文化广电局主办的《长城国际文化艺术节》拍摄活动。舞蹈《秦时明月汉时关》参加了"第二届河北省中高等学校舞蹈专业教育教学成果展示活动""第十届河北省舞蹈大赛""河北省第七届大学生艺术展演活动"并获奖。

案例二：

高雅艺术美育教育普及系列音乐会

项目特色：

音乐表演活动作为大学校园文化的重要组成部分，其目的与意义远超过单纯的音乐欣赏。它不仅为师生提供了丰富的艺术体验，提高了学生认识美、创造美的能力，而且承载着文化传承、交流合作以及人才培养等多元功能。举办高雅艺术美育教育普及系列音乐会的意义是多元且深远的，不仅有助于推广音乐文化、丰富校园生活、提高学生艺术素养，而且在促进交流与合作、塑造学校形象、培养音乐人才以及音乐的传承与创新等方面发挥了重要作用。

开展情况：

艺术教育是素质教育的重要组成部分，对于提高学生的审美观念、创新能力和人际交往能力具有积极作用。艺术与设计学院通过举办校园音乐会的形式，给广大学生提供了一个展示音乐才华的机会，一个放松身心、放飞梦想的舞台，有效地丰富了学生的校园生活，有利于引导学生接触不同类型的音乐，提升他们的艺术素养和审美水平。

音乐会通常有一个明确的主题，旨在通过音乐来表达和传递特定的情感或理念。音乐会的形式多样，包括重唱、独唱、合唱等声乐形式以及民乐、西洋乐等合奏、独奏，还有声乐、器乐的学生合作完成的节目（见图2-2，图2-3）。这种多样化的形式使得更多人能够参与到音乐会中来，体验不同的音乐氛围。许多学生在音乐会上展示了他们的原创音乐和独特的音乐表演方式。这种创新性作品不仅丰富了音乐会的内容，也为学生们提供了一个展示创新能力的平台。活动的参与度高，音乐表演的各个专业学生都参与了演出，同时还吸引了大量其他专业的学生和校园周边社区的居民，这使得音乐会能更好地融入校园生活，增强了学生的归属感和凝聚力。

系列音乐会的举办，提高了校园内音乐文化的影响力，促进了学生艺术素养的提高。音乐自殷商以来就是广为盛行的娱乐活动，它借助声音这个媒介来真实地传达情感。音乐也是文化的重要组成部分，是连接历史与现代、传统与创新的重要桥梁。举办系列音乐会，通过不同风格、不同时代的音乐作品，可以展现音乐的多样性和包容性，有利于推动音乐文化的创新发展。

图2-2　民乐表演

图 2-3 合唱表演

此外，音乐会的举办，不仅可以丰富学生的校园生活，而且可以增强学校的文化软实力，帮助学校树立品牌形象、提升社会影响力。通过邀请知名的音乐人、媒体报道以及线上线下的宣传推广，提升学校的知名度和美誉度。

第二节 人文赛事争锋

案例一：

人文艺术节

项目特色：

燕山大学文法学院自2001年开始举办人文艺术节，以弘扬人文精神、传播人文思想、提升人文素养为目标，开展了一系列融爱国爱校教育、人文情怀教育于一体的各类文化活动，逐渐形成以"写、做、说、读、学"为内容的具有连续性的人文精神主题教育，紧紧围绕立德树人教育理念，同时主动适应时代发展和素质教育的要求，为广大学生开展创新性活动提供广阔的舞台，有利于培养现代人文精神、构筑崇高的人文精神家园。

开展情况：

人文艺术节融创造性、艺术性、知识性、趣味性于一体，吸引了全校众多学生的积极参与，通过知识竞赛、人文演绎及视频展示等方式拓展校园文化内容，鼓舞学生奋进的勇气，传播校园文化，促使大学生形成牢固的爱国爱校情感。

"观乎人文，化成天下"河北省大学生人文知识竞赛：以"观乎人文，化成天下"为主题，旨在向学生展示中华民族在5 000多年的沉淀与积累中形成的独具特色且底蕴深厚的中华文化，增强广大学生对学习人文知识、阅读人文经典的兴趣与积极性（见图2-4）。以第19届人文艺术节为例，在人文知识竞赛中，共有来自12个学院、40多个专业的3 200余人报名，2 488名学生参赛，通过备赛参赛，有效提高了大学生的文化素养，促进了文理交融，激发并强化了大学生传承与创新中华优秀传统文化的使命意识，为大学生的成长成才奠定了更为宽厚的基础。

图2-4　参与河北省大学生人文知识竞赛师生合影

"初心寄华夏，岁月献山河"人文演绎：抬头仰望祖国的天空，低头俯瞰祖国的土地，经过一代又一代仁人志士的努力，中华民族已绽放出耀眼的光芒。为歌颂华夏儿女的光辉成就，在"初心寄华夏，岁月献山河"的大主题下分设"基层人物""大国工匠""不灭军魂""科学巨人"4个小主题，参赛队伍抽签选择在某类先进人物中的一位典型代表，根据其事迹进行演绎并制作视频，体味先辈人生，旨在让燕园学子感怀筚路蓝缕的艰险征途，坚定肩负起伟大复兴使命的信念。

"人文贯古今，使命显担当"人文光影视频制作：在新媒体背景下，采取全新形式对前期成果进行总结汇报，将人文演说视频在新媒体平台上进行更大范围的传播，用喜闻乐见的形式展现深层内涵，用短视频对时代精神与人文价值进行全新诠释，鼓励广大青学生在新时代勇敢作为、有所担当。

案例二：

数学文化节

项目特色：

数学是一门充满魅力的学科，我们需要沉静的大脑和活跃的思维，需要通过周到的分析、巧妙的假设，一步步揭开它的庐山真面目。燕山大学数学文化节由理学院主办，以全面提高学生的数学素养、积淀数学文化底蕴，真正激发学生学习数学的兴趣，培养学生科学严谨、充满想象力与创造力的数学素养为目的，以"体验数学文化，发现数学之美"为主旨，在校园内广泛开展。数学文化节以丰富多彩、趣味纷呈的数学活动为载体，努力营造出良好的数学学习氛围，为学生们提供了一份美味的智慧大餐，让学生在游戏与竞赛中体会数学的乐趣。

开展情况：

数学文化节开展了"数笔诗魂""答题有'理'""最强大脑""记忆大师"和"丹青数理"等系列活动，"大学生数学建模"等数学竞赛讲座，"玩转魔方""趣味数学"等知识竞赛。

"大学生数学建模"讲座分为建模扫盲、建模体验和优秀成果展示环节，并邀请数学系教师和优秀的数学建模指导教师进行线上和线下交流，让教师带领学生全面了解大学生数学建模相关竞赛，让全体大学生尤其是低年级的学生全面了解数学建模，为有意愿参加竞赛的学生提供帮助，还邀请优秀学生进行了学习经验的讲解（见图2-5）。

图 2-5　参加数学建模竞赛培训的师生合影

"数笔诗魂"活动以数学历史为切入点，让学生了解数学有趣的一面，深刻体验数学在人文方面体现出的巨大智慧。"答题有'理'"活动基于生活中的数学常识和有趣的数学问题，通过竞赛的方式，激发大家学习数学的兴趣和热情，增强学生的逻辑思维能力。"最强大脑"活动通过著名的数字游戏"数独"提高了学生的思考能力和数字推理能力。"数学史竞赛"是以竞赛的方式全面考查学生的数学史掌握情况，让学生通过了解数学发展史、数学成就和数学家小故事的方式，更好地了解数学、发现数学和畅游数学文化海洋。"丹青数理"活动是带领学生了解不一样的数学，以展板和彩绘的形式展示数学文化的魅力和人文精神，让学生真正体会到数学在生活、学习中的地位与价值，激发学生学习数学的兴趣，培养学生科学严谨、充满想象力与创造力的数学素养。"数学文化电影展播"是通过线下看电影的方式调动学生对数学文化的兴趣和探求数学知识的积极性。

丰富多彩的活动，让学生在观察、思考、互动、体验相结合的过程中切实感受到"数学好玩""数学美妙""数学有用"，激发了学生爱数学、学数学、用数学的热情，提升了学生的数学核心素养，激发了学生学习数学的兴趣，让学生了解了数学传统文化的深厚底蕴，推动了数学文化的传播和普及。

第三节　传统文化传承

案例一：

篆刻艺术体验校园推广活动

项目特色：

以汉字为载体的书法篆刻艺术是中华优秀传统文化的代表之一。篆刻艺术体验校园推广活动让广大学子有机会系统学习、体验篆刻艺术的文字书法之美、布局章法之美、刀法技艺之美、金石竹木材质之美、朱白相间色彩之美以及凹凸阴阳互衬之美，了解并读懂篆刻这种中华民族特有的文化形式，感受到中华文化的博大精深，从而激发学生的民族自豪感，增强其文化自信。同时，篆刻艺术蕴含着讲诚信、讲规则、守法律己的"契约"精神和公共道德元素。通过篆刻艺术教学，也可以让学生深刻意识到尊重生命、平等待人、诚信尽责等品德养成的重要意义和价值，对于学生形成健康人格具有积极促进作用。

开展情况：

篆刻文化作为中华优秀传统文化的代表，如何与现代技术相结合，如何让当代大学生喜爱并将其发扬光大，这一系列问题值得我们深入探讨。

为了更好地进行篆刻艺术的交流与传承，学校建设了专门的篆刻艺术教育基地和中国传统文化工作坊，为专业的教学和交流提供了平台。2020年，燕山大学获批教育部"中华优秀传统文化传承基地"，将篆刻基地建设列为重要的建设项目之一，并提供了强大的政策和资金支持。"工欲善其事，必先利其器"，学校对篆刻所用的工具也进行了精选和统一配发，为篆刻艺术教学提供了完善的教学条件。学校还提供了专项资金用于教学工具和作品的更新和维护，并为扩充工具提供了足够的经费。篆刻艺术教育基地提供了很多艺术专业的书籍以及用于展览的篆刻作品和古董文物，艺术氛围十分浓厚；还专门配备了激光雕刻机、多媒体教学工具，以及专门的摄像设备，更加方便了学生的学习和交流。为增加学生对篆刻知识的了解，学校还开设了一门专业必修课和两门选修课，同时，邀请众多篆刻名家、学者来校讲座，让学生开阔眼界、丰富专业知识（见图2-6）。

图2-6 篆刻课堂

为传承弘扬篆刻文化，不断扩大篆刻爱好者队伍，燕山大学篆刻协会组织开展篆刻艺术大学堂活动，邀请专业教师带领学生认识篆刻和篆刻家，欣赏篆刻作品，进行刀法练习、描摹练习等。学生在学习交流过程中，不仅掌握了篆刻技能，也进一步提高了艺术鉴赏力和学习力。篆刻基地不定期举办篆刻比赛和篆刻艺术作品展（见图2-7），使年轻的篆刻爱好者和篆刻家相互交流、相互探讨，让新老创意、技法不断碰撞，创造出不失传统又颇有新意的作品。展览大致分三类，篆刻印石展览、篆刻印屏展览、书法与篆刻作品展览。作品展让更多的教师和学生见识到了篆刻艺术的多姿多彩和奇妙，吸引了很多篆刻艺术爱好者。

书法和篆刻是中华民族文化的结晶和象征，有着博大精深的文化内涵和巨大的文化魅力。通过学习体验篆刻艺术，学生们更加深刻地领会理解了汉字及篆刻艺术深广的哲理情思，激发了自身的民族自豪感和文化自信。在治一枚印章的过程中，学生知道了无论做什么事情，都要下一番功夫，都要脚踏实地，这有利于培养学生良好的学习态度和习惯，也有利于提高学生的审美能力。学生们也可以通过篆刻来充分展示自己的个性，抒发自由的情感。

图 2-7　学生篆刻作品

案例二：

长城文化传承活动

项目特色：

燕山大学作为地处明长城起点的高校，历来关注长城保护，长期致力于传承长城文化，先后成立了中国长城文化研究与传播中心、长城文化研究社，出版了多本长城相关图书，参与了长城国家文化公园及长城博物馆建设等项目。燕山大学长城文化研究社隶属于文法学院，长期坚持在校内外开展长城文化宣传活动，深入挖掘长城文化内涵，积极开展长城文化研学，并组织开展了长城民俗调研，挖掘长城沿线民间文艺、故事、传说等与长城相关的非遗资源，发挥学科优势探索服务地方的有效路径，助力长城法庭公益诉讼等工作。"薪火相传，长城不朽"文化传承活动是该研究社积极助力长城文化价值发掘和非遗传承保护工作的重要举措。万点微光也能汇成银河，相信未来会有更多的青年学子了解和喜爱长城文化，投身长城文化保护传承人的行列。

开展情况：

"薪火相传，长城不朽"文化传承活动依托燕山大学长城文化研究社开展，包括"笔墨长城"阅读打卡活动、"以史明见"长城故事讲堂、"醉美古诗词"诗会、"四时节气，长城一典"QQ空间专题等。

"笔墨长城"阅读打卡活动从长城的文学意义和军事意义出发，将参赛者分为军事组和文学组，在QQ空间发表自己对长城相关读物的读后感，连续打卡10天，激励学生深掘长城文化内核。复赛对参赛者提出更高要求，军事组学生以长城在历代军事防御中发挥的作用为基础创作小论文，文学组学生创作与长城相关的文艺作品。活动反响热烈，数百名学生参与其中，并原创出一些与长城文化相关的优秀作品。

"以史明见"长城故事讲堂（见图2-8）依托长城文化研究社开展，社团成员提前准备好与长城相关的故事，自发上台讲述。例如，以诗人杜甫为主线，讲述杜甫的生平以及他的现实主义诗歌，并结合杜甫《八哀诗·故司徒李公光弼》中的"大屋去高栋，长城扫遗堞"分析长城的军事作用及其在诗歌等文学作品中的意味，为学生们了解长城打开了大门。在绘声绘色的讲述过程中，讲故事的人成为一名长城文化的传播者，听故事的人则从一个个生动的故事中体悟到长城更广阔的历史与人文意蕴。

图2-8 长城故事讲堂

"醉美古诗词"诗会在中秋、元旦等节日举办（见图2-9），诗会活动形式多样，有诗词接龙、飞花令、诗词朗诵等。参与者可以在轻松的氛围里接受古诗词的熏陶，感受古代文化的多彩魅力。

图 2-9 中秋诗会

长城文化研究社以 QQ 空间为平台开辟"四时节气，长城一典"专题，分享长城相关诗词典故和四时节气相关诗词古文等内容，在传承长城文化的过程中发挥重要作用。

长城文化研究社还与中青诗社开展长期合作，每年推荐一批学生参与中青诗社的授课、培训、考核全过程。社团成员国学素养得到提升的同时，更和全国众多高校相关社团建立了深厚友谊。

长城文化传承系列活动，以当代青年喜闻乐见的方式，在校内外青年群体中传播了有温度、有深度的长城文化，增进了活动受众对长城文化的了解，更让文化自信深深扎根于广大学子心中。

第四节　校园美育浸润

案例一：

"向美而行"校园美育系列活动

项目特色：

"向美而行"校园美育系列活动立足艺术专业优势，搭建渐进式高校美育课程体系，结合艺术学科特色，充分发挥文艺特长，围绕"创新美育课程""燃动乐舞校园""创作文艺精品""彩绘大美燕赵"等主题开展活动，推进"美育第二课堂"建设，构建和谐的校园文化氛围。其创新之处：一是跨学科合作，将艺术、思政教育、社会实践等领域相互融合，形成了全方位、多层次的美育体系。二是公共性与实践性结合，充分挖掘校园文化的美育功能，从理念、方法、实践等多维度推进美育活动的建设，推动美育日常化、多样化、特色化发展。在美育活动中注重学生的审美认同和情理共鸣，通过篆刻、舞蹈、手工创作等形式，建构"艺术疗愈"式美育课程模式，提升学生的参与积极性和公共交往能力。三是校园文化与乡村振兴融合，通过"彩绘大美燕赵"等乡村振兴项目，成功将校园文化与乡村振兴理念融合。这种融合不仅为学生提供了参与社会实践的机会，还让美育走进乡村，推动了乡村振兴的多元发展。四是推动文化传承与创新，在弘扬中华优秀传统文化的同时注重与时代接轨，推动艺术与现实社会的深度融合，使美育活动更符合当代学生的需求。

开展情况：

高校美育活动互渗融合是创新开展学校美育工作的一项重要议题。全方位推进学校美育工作落地生根，是高校立德树人的重要途径，是全员育人、全过程育人、全方位育人的内在要求。通过借助审美教育的多元方式，可以帮助学生树立正确的世界观、人生观和价值观，促进学生的身心健康发育，增强学生内心积极的正能量，对塑造学生美好的精神世界和价值观念具有重要的意义。

该项目结合艺术学科特色，以艺术育人、以美育润心，做到大型活动精品化、中型活动特色化、小型活动常态化，形成"叩响艺术之门""彩绘燕赵""寓"见美好美育体验活动（见图2-10）等校园精品文化活动，营造出"以美育人、以美化人、以美培元"的良好校园文化氛围。

立足思政教育，"创新美育课程"。依托学校"一站式"社区建设工作，在燕山大学"一站式"大学生文明实践中心的支持下，开展"寓"见美好美育体验活动，以"入驻式""开放式""体验式""预约式"4个工作模式，通过丰富多彩的系列美育体验活动，提升美育课程的吸引力，打造系统"渐进式"课程。活动群体涵盖10个学院的800余名师生。

图 2-10 "寓"见美好美育体验活动

推进以艺育人，"燃动乐舞校园"。开展"叩响艺术之门"活动 19 场，万余人次参加。鼓励学生在学习之余走出课堂、走出宿舍、走向操场，以唱歌、跳舞等形式参与校园文化活动。"舞动青春，唱响校园"逐渐成为活动的响亮口号，"在周末唱歌跳舞"也逐步成为校园生活的一部分。坚持"一节一演"，打造一系列展演、快闪活动，充分展现学生们良好的艺术修养和积极向上的精神风貌，增添浓浓的节日氛围，为节日献礼。

助力乡村振兴，"彩绘大美燕赵"。艺术与设计学院共派出师生百余人分别赴秦皇岛市青龙满族自治县草碾乡新立村、山海关部队驻地、承德市围场县银里村等地开展文化墙彩绘活动（见图 2-11），累计彩绘 1 000 余平方米，打造了独具特色的"乡村振兴文化宣传墙"，用实际行动推动乡村文化振兴，为新时代乡村文明建设贡献力量，为书写美丽乡村建设篇章添彩。

图 2-11 青龙满族自治县草碾乡新立村彩绘实践活动

"向美而行"校园美育系列活动有效提升了整个校园的文艺氛围，培养了学生广泛的兴趣爱好，使学生的校园生活更加充实美好。一系列具有影响力的文化品牌活动，如"叩响艺术之门""'寓'见美好美育体验活动""彩绘燕园"等，不仅在校园内产生了积极的宣传效果，还通过线上和线下的双矩阵联合推广，拓展了活动的传播范围，使更多人了解和参与到美育活动中。此外，通过丰富多彩的文化活动，展现了学校师生的良好文艺素养，为社会注入了活力和正能量。总体而言，该项目在学科整合、社区参与、学生素质提升等方面取得了显著的成果，对于推动学校美育事业的深入发展、提升学校文化软实力，具有重要的示范和推广价值。

案例二：

"艺术让生活更美好"艺术体验活动

项目特色：

"艺术让生活更美好"艺术体验活动充分发挥了艺术学科的文化传承和美育主力军作用，依托艺术与设计学院工业设计、产品设计、环境设计、视觉传达、公共艺术、雕塑、音乐表演和舞蹈表演专业优势，开放学院音乐厅、展厅、舞蹈教室、美育教室、琴房、设计工作室、实验室等，通过集中开展体验互动活动、面向教职工需求组织定制式体验等方式，让更多的师生参与到艺术实践活动中来，以陶冶情操、增加艺术修养、增强文化自信。

开展情况：

为深入落实中共中央办公厅、国务院办公厅印发的《关于全面加强和改进新时代学校美育工作的意见》精神，发挥美育育人功能，形成良好的美育氛围，"艺术让生活更美好"艺术体验活动在燕山大学美术馆和音乐馆展开。活动体验者通过聆听音乐，欣赏展览，观摩3D打印，体验篆刻、泥塑、书法、刻纸、中国画、传统扎蜡染等方式感受艺术的魅力（见图2-12）。该活动精心策划了13个体验项目，吸引了学校广大师生积极参与。

图 2-12　书法艺术体验

在燕山大学音乐厅，集声乐、西洋乐、民族器乐为一体的音乐互动活动火热进行，音乐系师生们通过精彩的舞台表演、作品展示以及乐器介绍等带领大家走进音乐的世界，活动现场还邀请观众登台体验（见图 2-13，图 2-14）。在音乐馆，一场精心准备的钢琴演奏会给大家带来了美的享受。在"燕山大学美育教室"，种类齐全的乐器，良好的育人环境使活动参与者沉浸其中。在中华优秀传统文化传承基地，体验篆刻的师生拿起刻刀，在方寸之间刻就美好，近距离感受传统文化。在美术馆，大家通过观摩 3D 打印（三维打印）感受艺术与科技融合的魅力。

图 2-13　合唱艺术体验

图 2-14　钢琴艺术体验

　　艺术是文化生活需要的重要组成部分。2020年，中共中央办公厅、国务院办公厅印发的《关于全面加强和改进新时代学校美育工作的意见》指出，学校美育课程以艺术课程为主体，要逐步完善"艺术基础知识基本技能＋艺术审美体验＋艺术专项特长"的教学模式。艺术在引导学生认识美、发现美、创造美，养成个体与群体正确政治意识、道德观、人格品质等方面具有独特功能。该项目结合艺术学科特色，通过目标明确、主题突出、接受度高、参与性强的艺术体验活动，提升了师生的生活品质和文化素养，陶冶了师生的艺术情操，促进了师生的身心健康，增强了美育实效，丰富了校园文化生活。

第三章　社会实践篇

第一节　志愿服务文化

案例一：

大学生志愿服务平台

——燕山大学爱心时间银行

项目特色：

爱心时间银行作为一种互助平台，其主要运作方式为"储户"将自己参与互助活动的时间以"时币"的形式储存在"时间银行"的"账户"里，储户持有爱心时间银行存折（见图3-1），待"储户"需要时，可以凭借存储在"时间银行"的"时币"来获得他人相等时长的帮助或相等价值的物品（见图3-2）。燕山大学爱心时间银行以创新打造"互惠互利"、可持续发展的现代志愿服务的理念为着力点，坚持"实践育人"，通过开展志愿服务活动、举办志愿服务讲座、组织志愿服务交流，不断提升青年学生的志愿服务意识与社会责任意识，实现辅导员思想政治教育工作的成效最大化。

开展情况：

通过建设志愿服务平台完善学生管理机制，提高工作效率，实现项目透明化。爱心时间银行将学生志愿服务时数转化为可支取的"时币"，辅导员通过对学生"时币"存入时间、支取流向等方面的监管，及时把握学生动态；同时，将志愿时数作为衡量一个学生志愿服务意识与社会责任意识的重要指标，为学院各类评奖、评优工作提供了重要参考依据。在管理体制方面，爱心时间银行实行以项目经理为核心的项目管理制度。爱心时间银行的项目来源主要包括两个：一个是由爱心时间银行招募项目经理具体负责项目实施；另一个是项目经理将其个人或团队开发的、适合青年学生参与的志愿服务项目纳入爱心时间银行体系。爱心时间银行还建立了"面向全校、覆盖全院"的志愿服务信息管理平台，实现对学校志愿者的统一管理，避免志愿者重复认证问题，方便开展志愿"时币"存入与支取工作，也为爱心时间银行召集水滴公益行动队进行各类志愿服务项目提供了便利。

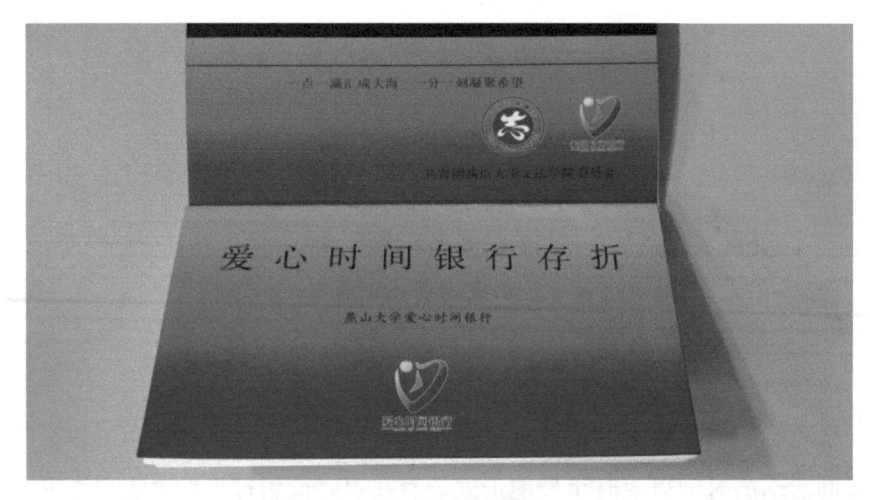

图 3-1 爱心时间银行存折

图 3-2 爱心时间银行办公地点

通过打造志愿服务团队实现"实践育人"目标。爱心时间银行平台建设，是文法学院学生工作的一项重要抓手。为更好地开展志愿服务活动，文法学院还成立了水滴公益行动队，参与各类志愿服务活动。爱心时间银行和水滴公益行动队分工明确，协同进步，大大提高了志愿服务效率，实现了志愿服务由扎堆化、表面化向日常化、规范化转变。同时，增强了学生参与志愿服务的意识，为实现"实践育人"目标提供了新途径。一系列志愿服务活动的开展，有利于培育具有志愿服务精神的青年学生，也因此涌现出一批敢为人先的优秀青年学生干部。

完善"时币"兑换业务。为践行"用服务传递友善、用交换实现平等、用互助孕育和谐"的宗旨，爱心时间银行通过各种方式拓宽同学们兑换"时币"的渠道，包括与燕山大学手工艺坊合作，收集学生们喜爱的工艺纪念品用于兑换；学生们还可以用"时币"来换取参加学院特色的"观影活动"的机会，换取学院微信公众号里的"学习资料包"以及一些日常生活学习用品。学生们在参与志愿服务的同时，可以用自己的"时币"兑换自己所需要的物品，这大大提升了大家参与志愿服务的积极性。

积极联合校内外志愿服务团队，形成良好的"手牵手"志愿服务文化氛围。在校内，爱心时间银行一直与环境保护协会、手工艺坊、青年志愿者协会等组织保持着伙伴关系，合作开展了海边捡垃圾、校园爱心大使、校园公益大使等形式丰富多样的志愿服务活动。同时，打破传统社团之间的界限，与以雷锋突击队、青年义工为代表的校内其他志愿服务团队进行深度合作，实现志愿服务团队间的信息共享，这种"手牵手、肩并肩"的"全员"公益模式，有助于校园志愿服务文化氛围的形成。在校外，燕山大学爱心时间银行与秦皇岛爱心时间银行、秦皇岛众筹爱心企业联盟等志愿服务团体保持着密切的联系，还召集水滴公益行动队参与校外志愿服务团体组织的公益性志愿服务活动（见图3-3～3-7），共同助力"爱在秦马""爱心进乡村小学""惠农服务""慰问抗战老兵"等特色活动。在志愿活动的形式方面，爱心时间银行也在不断总结经验、推陈出新，力图为给广大师生提供最佳的志愿服务体验。

图 3-3 秦皇岛国际马拉松赛志愿服务

图 3-4 "志愿创森，青年当先"义务植树活动

图 3-5 "千人环保健步行，传递志愿正能量"活动

图 3-6　水滴公益行动队在承德市围场县马连道村作政策宣传

图 3-7　水滴公益行动队为山海关区残疾人联合会老人送温暖

爱心时间银行作为立足高校的社会互助模式，以志愿服务团队——水滴公益行动队为依托，创新现代志愿服务理念，是深化志愿服务模式、打造实践育人平台的有益尝试。燕山大学爱心时间银行项目获 2017 年"阿克苏诺贝尔"中国大学生社会公益奖银奖、获全国第九届高校校园文化建设优秀成果优秀奖、获 2016 年度河北省思想政治工作优秀创新案例一等奖，"以爱心时间银行平台为载体引领'积极·和谐·互助'志愿服务校园文化新风尚"项目获 2016 年度河北省高校校园文化建设优秀成果一等奖。

案例二：

雷锋突击队
——用行动书写新时代雷锋故事

项目特色：

机械工程学院雷锋突击队作为燕山大学历史最为悠久的志愿者组织之一，拥有着丰富的志愿服务经验和宝贵的志愿精神财富。2020年是雷锋突击队建队30周年，以此为契机，雷锋突击队组织了帮助弱势群体、美化校园、生命健康教育等多项志愿服务活动，并举办了"奉献三十载 筑梦再远航"雷锋突击队成立30周年纪念活动，为社会、为燕山大学贡献了属于雷锋突击队的志愿力量，掀起了一阵阵志愿之风。雷锋突击队还设计制作了一批志愿文化作品，记录志愿初衷。雷锋突击队的青年志愿者们在志愿服务工作中创新内容、提升质量、坚守初心、践行青春使命，用行动书写着新时代的雷锋故事。

开展情况：

雷锋突击队立足新时代，身体力行，为志愿服务活动贡献力量，展示了燕大学子的责任当担。一方面聚焦帮扶弱势群体，开展盲道清理（见图3-8）、手语知识普及等活动，并分批次组织青年志愿者前往福利院开展"老来福之行"志愿活动，为老人送去温暖与祝福；另一方面积极响应创卫号召，通过举办垃圾分类手抄报大赛、宣传普及创卫知识、定期开展校园美化活动等方式，为建设文明校园和卫生城市贡献力量，彰显了青年志愿者的使命担当。

图3-8 盲道清理

2020年初，新冠疫情席卷全球，病毒肆虐，让人们对生命健康有了更深刻的认识。雷锋突击队坚持开展生命健康系列志愿活动，宣讲生命健康知识，让人们了解疾病、正视疾病、关爱健康、珍视生命。雷锋突击队先后在微信公众号、QQ空间平台发布多条有关疫情防控的推文及说说，向学生们普及个人防护措施与方法，赞颂疫情防控期间迎难而上的最美逆行者们，传递"奉献、友爱、互助、进步"的志愿者精神。每日安排志愿者轮班在课余时间协助安保人员进行出入登记，监控出入校园人员流动量，切实保障学生们的生命安全健康。此外，还与上海外国语大学"青丝行动"组织合作开展青丝行动、防艾宣传月和造血干细胞知识普及活动。雷锋突击队还积极与秦皇岛市红十字会、疾病控制中心、海港区文明办等多家单位和机构开展合作，开拓志愿服务范围，形成志愿合力，带动影响更多人。

雷锋突击队自1990年建队以来，一直秉承"奉献、友爱、互助、进步"的志愿者精神，践行"奉献无止境，青春无悔言"的队训，逐步丰富七大志愿服务系列，涵盖了25项志愿服务活动。2020年是雷锋突击队的而立之年，机械工程学院团委举办了主题为"奉献三十载，筑梦再远航"的纪念雷锋突击队成立30周年系列活动（见图3-9）。

图 3-9　队庆宣誓活动

纪念活动包括深入采访，对现有队史细节进行考证与修改，完成《雷锋突击队队史》的撰写工作，为雷锋突击队留下宝贵的历史记录；制作完成30年队庆纪念宣传册、纪念视频及队长寄语视频，生动形象地呈现了雷锋突击队30年来的发展历程；设计并向历届队长寄送了30周年队庆纪念品，表达了雷锋突击队对于老队长们辛勤付出的感谢；举办雷锋突击队成立30周年庆典，活动现场参与人数达100余人，线上观看直播人数达4 480人次。队庆回顾了雷锋突击队传承30年的志愿情怀，追溯志愿初心，唱响志愿之歌，以传承推动前行，用纪念点亮未来，引导广大青年志愿者始终将服务他人、服务社会与实现个人价值融合在一起，在做好事、献爱心的过程中展现燕山大学青年的使命担当。

雷锋突击队用心点亮志愿灯塔，用爱传承服务真谛。在一次次志愿活动的开展中，志愿精神得以传承，志愿力量得以壮大，越来越多的青年学子加入志愿服务的行列，用实际行动服务他人、影响他人、带动他人，在渤海之畔谱写了甘于奉献的青春华章，为社会传递了温暖的力量！

第二节　弘扬奥运精神

案例：

服务冬奥系列宣讲活动

项目特色：

2022年，燕山大学500余名师生作为志愿者参加了服务北京冬奥会和冬残奥会的工作（见图3-10），涌现出大批优秀的先锋榜样。志愿工作结束后，学校选拔出一些优秀志愿者宣讲服务北京冬奥会和冬残奥会的先进事迹，让他们从自身经历和所学知识本领出发，向广大师生普及奥运知识、传授志愿服务专业技能，引导广大师生从宏观视域思考重大赛会运行、赛会志愿服务保障和奥运遗产转化等深层次问题，促进青年学生从理论层面构建起对冬奥会和冬残奥会、志愿服务工作的热爱和认可。这一宣讲活动有利于凝聚共识、激发斗志，以干在实处、走在前列、勇立潮头的姿态唱响时代强音。

图 3-10　服务冬残奥会的燕山大学志愿者

开展情况：

学校根据服务冬奥人员的经历、特长遴选组建宣讲团成员，按照不同的宣讲主题、服务领域、个人擅长等标准将宣讲团人员进行分组管理。宣讲团成员准备宣讲 PPT、文稿等辅助材料，校团委对宣讲内容进行审核修改，做到"硬件"上配齐"装备"，"软件"上凝聚思想，为发挥宣讲效能、激发师生共鸣做好充分准备。

2022 年 5 月 25 日，北京冬奥会、冬残奥会燕山大学总结表彰大会暨冬奥宣讲团首场报告会（见图 3-11）举行。冬奥宣讲团师生再现了在冬奥一线管理岗位、志愿服务各领域和闭幕式演出（见图 3-12）等各条战线上的精彩瞬间，全景展现了燕大冬奥人服务国家、矢志奉献、自信昂扬的精神风貌。宣讲团回顾了冬奥精彩时刻，分享了温暖动人瞬间，总结了服务保障成功经验，为进一步弘扬北京冬奥精神、传承燕大人文化品格起到积极作用。此外，校团委召集宣讲团成员 38 人在各学院开展了 30 余场冬奥宣讲，覆盖学生 7 000 余人，以"奉献、友爱、互助、进步"的志愿服务精神为价值引领，结合学校服务冬奥的宝贵经验,深入讲好冬奥故事,教育引导更多学生在服务群众、奉献社会中实现青春梦,助力中国梦。在有效完成服务冬奥系列宣讲之后,还设计制作了《"奥运梦志愿路家国情"——燕山大学服务保障北京 2022 年冬奥会、冬残奥会工作纪实图册》,从服务领域与风采展示、党团工作、共铸辉煌、向未来再出发等 4 个方面对服务保障北京冬奥工作做了总结回顾,进一步巩固了宣讲成果,让广大师生对服务冬奥主题有了更深层次的关注和感知。

图 3-11　宣讲团首场报告会

图 3-12　冬奥会闭幕式展演团队

服务冬奥系列宣讲活动始终坚持团队自主与组织合作有机统一,校级引领与学院宣传相结合的方式开展。宣讲团与校、院级青年志愿者组织和融媒体中心等学生组织相互配合,形成组织、宣讲、宣传三位一体的合作宣传机制，为宣讲活动提供了可借鉴的经验。宣讲团充分利用网络新媒体资源，广泛运用燕山大学新媒体矩阵，形成校内、校外多种渠道展示的宣传格局和线上线下同时进行的宣传氛围，让宣讲内容在更高层次、更广层面进行传播。

服务冬奥系列宣讲活动覆盖面广，宣讲团成员将理论与实践相结合，通过讲述冬奥期间的真实故事、大量生动形象的案例以及志愿过程中积累的相关专业知识与技能，使广大学生不仅从理论层面构建起对冬奥会和冬残奥会志愿服务工作的热爱和认可，而且在精神层面实现同频共振，将"胸怀大局、自信开放、迎难而上、追求卓越、共创未来"的北京冬奥精神入脑入心。服务冬奥系列宣讲活动有效激发了燕大学子投身志愿服务的热情，促使其将"奉献、友爱、互助、进步"的志愿服务精神内化于心、外化于行。

第三节　服务乡村振兴

案例一：

手绘乡村振兴长卷，讲好美丽中国故事

项目特色：

乡村建设作为中国当代建筑实践的前沿，是深层理解中国城乡差别，正确认识乡村社会文化、伦理及产业等问题的关键因素。燕山大学建筑工程与力学学院建筑学专业自成立以来，逐步形成了以社会实践和应用能力培养为重心的教育模式。乡村振兴，关键在人。在全面推进乡村振兴战略的背景下，组织建筑学专业学生发挥专业优势，深入乡村进行手绘实践，不仅是应用型专门人才培养的需要，还是建筑学学科特色发展的需要。习近平总书记提出，要"激励各类人才在农村广阔天地大施所能、大展才华、大显身手"。

开展情况：

燕山大学建筑工程与力学学院深入挖掘乡村振兴背景下建筑专业学生的优势，举办了乡村振兴暑期社会实践训练营，帮助和引导青年学生深刻认识为什么要推进乡村振兴、如何推进乡村振兴等系列重大理论和实践问题；带领青年学生了解乡村发展状况，积极助力乡村振兴，广泛实施教育关爱、爱心医疗、科技支农、基层社会治理、生态文明建设等领域的重点项目；帮助乡村发展产业、改善基础设施、美化乡村环境、提升乡风文明、加强乡村公共服务；鼓励青年学生讲好乡村振兴故事，从乡村振兴的实际需求中找到学习、科研和就业的方向。

第一期乡村振兴暑期社会实践训练营以线上培训、线下实践相结合的方式进行，共设主题培训、项目设计、实践检验、汇报交流等四大板块。其中，主题培训涵盖实践认知、政策解读、方法指导、成果提升、案例分享等一系列内容。主题培训结束后，营员分组组建暑期乡村振兴主题社会实践小分队，策划实践项目。2022年，全校13个学院的19名指导教师和225名学生参加了训练营，期间开展了4场专题培训和2场优秀实践项目沙龙分享会。

参与训练营的师生深入发掘乡村故事，以故事的发生时间为线索，整理各时期建筑特色的变化，并通过手绘的形式，再现了乡村发展历程，并将手绘资料制成影音文件，进行推广与宣传。最终共完成手绘作品120余幅（见图3-13）。学生们在不断加深对乡村振兴发展战略的理解的同时，专业技术能力也在飞速提升。

基于教学平台，建筑工程与力学学院将手绘乡村振兴画卷内容引入课堂教学，形成第一课堂与第二课堂相互衔接的新格局。这适应了建筑设计行业未来由城镇建筑设计向乡村建设逐步转移的发展趋势，也提升了学生将理论知识运用到乡村建筑设计实践中去的能力。学生通过用画笔记录中国农村的发展历程，可以更加深刻地体会到乡村振兴战略的必要性，从而增强了他们投身乡村振兴事业的信心和动力。

除暑期社会实践训练营外，建筑工程与力学学院还精心策划并有序开展了"青年建筑师沙龙"和"乡村建筑分享沙龙"两项活动，对学生在社会实践中取得的宝贵经验进行了总结和分享。另外，学院从学生中选拔优秀"青年建筑师"，收集整理优秀乡村建筑作品的文字、图片和视频素材，形成了乡村建筑发展档案，进一步加强了学生的历史使命感和责任感。

图 3-13　部分学生优秀手绘乡村作品

案例二：

"新时代乡村建筑师"志愿服务项目

项目特色：

燕山大学建筑工程与力学学院着力打造志愿文化生态，营造"人人关注志愿，人人参与志愿"的良好氛围，推动志愿服务与育人工作"同向同行"，组建"文化墙强强"社会实践团深入学校定点帮扶的银窝沟乡来太沟村、银里村，开展美化乡村实践活动。作品受到当地乡亲的好评。实践团师生以此次社会实践为基础，厚植专业探索和助力乡村发展的双重情怀，勇担新时代青年社会责任，为乡村振兴贡献青春力量。

开展情况：

燕山大学"新时代乡村建筑师"志愿服务项目致力于打造"新时代乡村建筑师"志愿服务团队，继承弘扬李保国"新愚公"精神，精准对接乡村振兴人居环境提升关键环节，直面乡村建筑设计咨询人才短缺现状，发挥高校建筑类学科优势，围绕村庄建设规划、基础设施提升、文化旅游规划、清洁能源应用与碳减排、智慧乡村建设等内容，为农村人居环境整治提供设计咨询志愿服务，为乡村建设提供智力支撑和创新驱动。同时，培养青年师生的乡土情怀，激发建筑类师生的历史使命与时代担当，为建设美丽乡村和大美中国贡献青春智慧与力量。

为引导和帮助广大青年学生以实际行动促进乡村振兴，建筑工程与力学学院组建了"文化墙强强"社会实践团，师生一行10人奔赴承德市围场满族蒙古族自治县，深入学校定点帮扶的银窝沟乡来太沟村、银里村，开展美化乡村实践活动（见图3-14）。此次实践活动历时长、任务重、难度大，从方案设计到结束实地墙绘顺利返校，全程共历时38天。为来太沟村村民服务中心、中草药种植基地等重点部位共设计墙绘135平方米。

在燕山大学驻村工作队和专业课教师的指导下，实践团师生挖掘当地文化根脉，结合民风民俗、村庄布局、特色产业等因素，确定了"忠、孝、节、勇、和"新"五德"主题文化墙、党建文化墙、弘扬中医药文化主题文化墙等几项方案。最终的墙绘作品中既有"满绣纹样""蒙古包"等民族文化特色符号的巧妙点缀，也有中草药种植、西红柿大棚等特色产业形象的直观表达，还有"绿水青山就是金山银山"生态文明发展理念的生动体现。经过不懈努力，实践团成员们交出了一份优异的答卷。每一面墙上的绘画都是师生真诚付出的体现，受到了村民的认可和赞许。美丽的乡村墙绘既给乡村建设增添了别样的色彩，又在潜移默化中丰富了村民的精神文化生活。

实践团师生以此次社会实践为基础，继续深入田间地头，亲近乡村群众，在不断提高学生的专业水平和实践能力的同时，引导其自觉投身乡村振兴发展，为中华民族伟大复兴贡献青春力量。

图 3-14　社会实践团在围场县开展工作

第四章　网络文化篇

第一节　网络文化工作室建设

案例一：

"燕小艺"大学生网络文化工作室："七个一百"献礼建党百年

项目特色：

燕山大学艺术与设计学院以"燕小艺"网络文化工作室为抓手，创作了大量弘扬正能量、提振精气神、传承中华魂的校园网络文化产品，培养了众多具备深厚家国情怀、良好网络素养和创新实践能力的优秀人才，实现了"互联网＋思想政治"教育模式，在网络文化工作室建设工作中取得了显著成效。网络文化工作室充分把握学生需求，契合学生心理期待，用学生"听得懂"的语言去创作，根据学生"想看见"的信息去搭建平台，用学生"走得进"的方式去提高参与度，在作品创作中把握思想性、规律性和艺术性3个维度，全力打造优秀的互联网文化产品。

开展情况：

在庆祝党的百年华诞之际，"燕小艺"网络文化工作室以"七个一百"系列活动进行主题表现，全景式讴歌党带领人民进行的伟大斗争、伟大创造，深刻反映百年来党走过的历史轨迹，生动讲述建党百年辉煌历程中的奋斗故事，以形式多样、内容丰富的活动，激发了大学生爱国、爱党的热情，增强了大学生的民族自豪感和自信心，也提升了大学生的艺术欣赏水平。

艺心艺意——绘制百年岁月。以绘制百米画卷的方式诉说中国共产党百年来的风雨历程，回顾重大历史节点，记录重要人物或事件。

艺通百通——传承红色历史。举办"青春心向党 百年正辉煌"党史诵读活动。从中共一大到十九大，从长征精神到航天精神，让学生从革命先烈们为革命事业抛头颅洒热血的感人事迹中，对党的发展历史和奋斗历程有更深刻的了解。通过诵读党史，让全体师生做到学有所思、学有所悟、学有所得，并以此为契机，持续有效开展党史学习教育。

艺言艺语——记录美好生活。为了培养学生发掘生活中美好事物的能力，围绕"艺术让生活更美好"的主题，开展了"秀！最美燕大人的专属故乡印记"假期网络视频大赛。大赛本着"用镜头记录生活，用镜头抓捕细节，用镜头放大美好"的理念，培养发掘优秀的校园活动主播，锻炼学生的网络直播能力，将新媒体时代下快速发展的线上直播模式与短视频模式融入校园生活之中，丰富了学生的假期生活。大赛共收到vlog作品60余份，参与人次为100+，公众号展播阅读量达3 000+。

艺见钟情——介绍党风党史。通过3D影像（三维影像）和VR技术（虚拟现实技术）还原党史上的重要历史时刻（见图4-1），让参观者"穿越"到几十年前的重庆，身临其境感受到那段苦难的历史。这种"党建教育创新+3D技术+心理体验"的沉浸式学习方式，让师生穿越时间和空间，切身感悟革命精神，使党史学习更加走心入心。

图4-1 有关党建教育的3D影像

艺口同声——歌颂光辉历史。以解析和传唱经典红歌的形式，歌颂党的丰功伟绩，使广大师生感受党史的波澜壮阔。精确把握当下新兴媒介的传播方式及受众特点，打造能说、能看、能体验的特色板块，让红色歌曲更好地发挥教育作用。

艺网情深——书写真情祝愿。开展"写给党的三行情书"征集活动，共征集作品86个。作品立意新颖、独具一格，创作者们用简练精致的三行文字写下献给党的赞歌，表达出对党和国家的敬爱和赞美之情以及对祖国繁荣昌盛的美好期冀。

习艺为常——回顾党的发展历程。以"党史上的今天"为专题，回顾党的发展历程，讲述革命先辈的光辉事迹，记录重要历史事件或历史人物，让学生通过学习历史，展望美好未来。

"燕小艺"网络文化工作室突出艺术学科专业特色和网络媒体优势，精心策划，以"小故事、大道理""微作品、大历史"的方式，反映中国共产党人在建党兴业的艰苦奋斗中展现出的伟大力量，打造了主题鲜明的红色网络阵地，让红色文化春风化雨般走进广大师生心中。

案例二：

"书香e家"大学生网络文化工作室建设

项目特色：

燕山大学图书馆建设的"书香e家"大学生网络文化工作室以"培养专业队伍，建立特色品牌，提高网络素养，践行时代精神"为发展方向，培育建设有书香特色、示范引领作用的大学生网络文化工作室，努力破解校园网络资源不平衡、不充分发展的难题，切实提升网络育人质量，构建了高校学生参与校园网络文化建设的新模式。工作室依托网络新媒体，始终以服务读者实际需求为导向，聚焦高校图书馆网络文化阵地宣传，有效地延伸了大学生网络思想政治教育工作的深度和广度，提高了工作的信息化、数字化、高效化，从而实现了育人"润物无声"。

开展情况：

"书香e家"大学生网络文化工作室涉及读者借阅、学术资源、科研信息、技术支持等，在做好主要工作的同时，不断开发新的服务板块。工作室以图管会网络技术部、传媒推广部、策划部和文创部的学生骨干为创作主体，为学生的成长成才提供了平台。

工作室根据图书馆特色，整合资源，以读书节、迎新季、爱国季、毕业季、考研季和阅读马拉松等系列主题活动为依托，运用新媒体技术使图书馆"动"起来，推动传统思想政治工作同信息技术高度融合，增强时代感和吸引力，提升书香文化的涵育水平。

建设"书香e阅读"。"e阅读"作为网络及技术发展下的新产物，因为有着阅读时间、地点和方式不受限制的优势而备受青睐。燕山大学图书馆建筑面积为43 000多平方米，设特色主题藏书展厅5个，拥有纸质图书100余万册，电子图书近200万册，数据库68个。工作室结合现代最新的技术手段与设备，积极探索智慧阅读的新方式，力求建设一个书香充盈的精神家园。

建设"书香e视界"。利用图书馆微信服务号和书香燕大微信订阅号加强网络宣传阵地建设，致力于让好的文化作品走出校园，让更多的人了解燕大。充分发挥图书阅览室、研讨室、Led电子屏、高科技体验式设备、视觉影像导航标识的作用，大力宣传学校的科研成果、好人好事、好风气、好习惯，让校园处处充满正能量，营造良好的舆论氛围，不断提高学生的思想认识水平，使其树立正确的世界观、人生观、价值观。

建设"书香e生活"。为了丰富大学生课外文化生活，开展了读书节、阅读马拉松、好书荐读、有奖知识竞答、主题文化阅读推广等传统网络活动（见图4-2），积极策划了与学生党支部、大学生艺术团、摄影协会、书法协会等众多学生社团的网络云展示、云共建活动。努力让学生能够根据个人爱好选择课外文化活动，充分发挥广大学生的主观能动性，做到寓教于知识、寓教于竞赛、寓教于娱乐，既陶冶学生情操，又锤炼学生品格。

图 4-2　读书节——模仿图书封面拍照活动

　　建设"书香 e 学习"。依托图书馆丰富的图书文献资源，充分利用图书馆官网，定期组织线上、线下信息素养微课，同时将日常学习与微课、视频教学资源有机结合起来。开辟解惑释疑专区，对于学习中遇到的问题，学生可以在线提问，教师可以在线上给予解答。鼓励学生通过网络社区探讨学习，提高学生的学习能力、钻研能力，在有效的互动交流中学习知识、增长才干。

　　建设"书香 e 话"。充分发挥网络技术优势，让阅读疗法在校园落地生根。在微信上定期推送"优秀书目推荐导读"，以心理咨询、人生哲理、励志读物、休闲小说等人文社科类书籍为主，专业馆员通过阅读指导来舒缓学生的心理压力。

　　建设"书香 e 创"。依托线下"创意梦工厂"，建设网络创作社区，广泛开展创新实践活动，充分发掘学生的创新能力，引导学生在严格遵守规章制度的同时多思考、多观察，找准制约创新的关键因素，探索针对性强的新招数、新办法，创作出更多的视频、广告、文创、动漫、音乐等校园文化作品，并积极进行成果转化。

"书香e家"大学生网络文化工作室将文化内涵作为总基调，以爱国主义为力量源泉，注重结合图书馆的特点，不断丰富宣传内容，推送师生感兴趣的文化作品。工作室以图书馆各项服务为抓手，将各类优质资源纳入宣传范围，对学生进行思想政治教育、爱国主义教育、网络安全教育等，有助于传播正能量，弘扬社会新风尚。

第二节 网络思政栏目建设

案例一：

大学生网络思政栏目：《听TA说》

项目特色：

机械工程学院积极探索大学生思想政治教育新模式，着力打造《听TA说》协同育人网络思政栏目，并不断推陈出新，努力扩大影响力和辐射力。该栏目立足网络文化育人实践，针对学生特点和学院特色，对标一流，争做一档有态度、有高度、有温度的思政育人栏目。作为河北省首批高校"辅导员领航工作室"线上平台重点建设内容，栏目立足网络文化育人实践，着力践行"三全育人"理念，凝聚了广大师生、家长、校友、用人单位的育人合力，从不同视角满足了学生多元的成长成才诉求，形成了特色育人品牌。

开展情况：

栏目以学院官方微信公众号和"机思广益"党建思政工作室为载体，充分激发广大师生、家长、校友、企事业单位等育人主体的积极性，用文字亮出鲜明旗帜，用声音传递思政理念，用故事展现育人情怀，着力践行"三全育人"理念，助力提升全校大学生网络文化育人实效。栏目不断推陈出新，在内容上，结合时事政治和大学生特点，协同打造切合"立德树人"主题的育人素材；在形式上，紧跟新媒体时代大学生网络思政教育实践趋势，从"网文＋音频"向"网文＋视频"过度，升维育人载体。

《听TA说》协同育人网络思政栏目运用"互联网＋"思维，结合当代大学生特点，每周定期推送网文，以"图文＋音频、视频"的形式传递育人理念，搭建网络思想政治教育平台（见图4-3）。主体内容包括思想理论教育和价值引领、党团和班级建设、学风建设、学生日常事务管理、心理健康教育与咨询、校园危机事件应对、职业规划和就业指导等。在此基础上，应大学生成长成才诉求，栏目不断拓展内容，丰富主题。根据育人主体不同，栏目划分为"听老师说""听同学说""听家长说""听校友说""听企事业单位说"等版块，相继推出了"家长说"专栏、"风华机械人说"专栏、"红色书信品读"专栏、"课程思政"专栏。栏目累计制作并推送100余期，共计21万余字，阅读量达15万余次，发送的推文先后被中国教育电视台官方微信公众号、全国高校思想政治工作网转载，8篇推文在河北省高校网络教育优秀作品推选展示活动中获奖，其中7篇被推荐参评国赛。

图4-3 《听TA说》栏目宣传图

为回应广大家长对学校育人工作的关切，栏目面向学生家长征稿，经栏目组编辑加工，最终制作并推送15期"家长说"专栏，得到学生家长一致好评，实现了栏目育人主体的又一突破。

为调动学生积极性，栏目面向大学生年度人物、自强之星、学业优异个人、学生骨干、优秀共产党员、应征入伍典型等群体征集稿件，制作推送12期"风华机械人"学生专栏。

为引导广大青年学生致敬革命先辈、增强政治信仰、勇担时代责任，激发其政治热情，栏目推出建党百年专栏"品读红色书信"，围绕革命先辈对革命理想的坚定信仰、对组织的无限忠诚、为中国人民谋幸福的宗旨意识、为中华民族谋复兴的爱国情怀、大无畏的革命斗志、孜孜以求的敬业精神、高度自觉的律己意识以及对同志的深情厚谊、对亲人的挚爱等主题，选取革命先辈的亲笔信件作为素材，通过辅导员诵读演绎的方式，穿越时空隧道与先烈对话，献礼建党百年。"品读红色书信"专栏在燕山大学"学习强国号"平台上线，得到广泛关注（见图4-4）。

图4-4 "品读红色书信"专栏展示

为进一步提升栏目水平和文化品位，栏目组加强主创队伍建设，对"机械传媒中心"进行改制，组织培训30余场（见图4-5），涉及网文制作、视频剪辑、栏目宣传等内容。为进一步推进栏目建设，项目组集思广益，继"网"开来，不断创新机制、整合资源、加强团队建设，着力培养一支新媒体工作"人才库"，建设一间网络思政文化产品"中央厨房"，打造一档可示范、可引领、可辐射、可推广、可持续的网络思政文化栏目，助力学校构建立体化网络思政矩阵，推动网络思政建设工作进程。

图 4-5　运营团队培训

案例二：

大学生"每日一学"在线政治理论微学习工程

项目特色：

由于受到文化价值多元化的冲击，信念"缺钙"、纪律涣散、不关注家国大事等问题在当代大学生身上均有所显现，具体表现为自主学习意识不足、过分依赖网络、时间管理"碎片化"等。燕山大学经济管理学院创新学习形式，实施"每日一学"在线政治理论微学习工程，针对新一代网络"原住民"大学生适应"互联网+"能力极强的特点，结合奥地利学习研究专家林德提出的"微学习"理论，开展利用碎片化时间完成微型即时学习活动。这种用"非正式"方式学习"正式"内容的做法适应了新形势下学生的需求，发挥了党员的示范作用，有助于全体学生坚定中国特色社会主义"四个自信"和树牢"四个意识"，树立报效祖国的远大理想。

开展情况：

在新时代高校思想政治教育实践中，新生代青年学生对于主流思想和理论的传播提出了新的要求，想要守稳思想理论教育主阵地就必须搭上信息高铁、投身信息激流。随着信息技术的迅猛发展，社会背景和青年学生的成长环境也出现了深刻的改变。各类信息产品和技术日新月异、层出不穷，随之而来的是青年学生信息接收速度提升、信息需求体量增大、信息处理时间缩短。研究表明，当代人的注意力集中时长对比20年前出现极大幅度的下降，这一现象在青年学生中尤其突出。

在学生党员的自发策划下，燕山大学经济管理学院结合学生实际创建了"每日一学"在线政治理论微学习工程，用创新思维宣传思想、创新方法传播理论，把深入学习宣传贯彻理论和政策作为头等大事，注重面向全体学生的理论武装和理论宣传，做到步步紧跟、讲求实效，春风化雨、润物无声。依靠学院学生党支部发挥党员的示范作用，激励学生党员的责任担当，采取每日3～5分钟的便捷性微学习模式，使"短、平、快"的学习方式产生"长、深、远"的学习效果。

图4-6 "每日一学"在线政治理论微学习

内容与形式的创新是提高学习实效、构建长效机制的保障，因此，"每日一学"在线政治理论微学习的内容也与时俱进、不断更新，线上与线下相互渗透，促进生成了更加科学且有效的政治理论学习和思想文化宣传路径，以主动适应时代和青年价值观树立途径的变化，提供更有效的宣传助力，营造良好的学习氛围。面对新时期青年学生善于运用各类新型网络传播工具的实际特征，学习工程的内容设置始终坚持突出学生主体地位，在强化个体学习过程的同时弱化教师监督作用。工程实施过程中，除了QQ群文件方式之外，还加入了学习强国App的个性化课程设置、青年大学习的趣味化答题参与、"不忘初心、牢记使命"的线下讨论与座谈等形式，真正帮助青年学生在碎片化、零散化的时间管理中实现政治理论学习常态化。

针对网上诸多噪声杂音、错误思潮、有害观点，"每日一学"在线政治理论微学习工程举旗定向、亮剑发声，正确引导广大青年学生的思想，在多元中树立主导、在多样中谋求共鸣、在多变中把控方向，营造了团结向上的思想氛围和学习环境。广大学生在享受"每日一学"带来的便利条件的同时，加强了对于党组织和党员的信任，为组织凝聚了良好的群众基础。通过"每日一学"在线政治理论微学习工程，探索并逐步建立、健全了立足于全体学生的普及性长效理论学习机制，推动了学生思政工作的良性发展。

"每日一学"在线政治理论微学习工程实施以来，从未因任何原因出现中断，一方面是由于在线微学习形式普及度高、便捷快速，另一方面不可否认学生党员在其中起到了至关重要的抓手作用。"每日一学"在线政治理论微学习工程培养了一批以自学带动众学的先进学生党员，体现了党员的先进性，同时通过给学生党员"加担子"，增强了学生党员为人民服务的责任意识和奉献精神。最终，在学习工程中涌现出了一批政治素养高、信念觉悟坚、思想认识深、群众基础好的学生意见领袖。先进性学生党员标杆的树立不仅提升了党员个体的归属感和自豪感，还真正诠释了先锋模范带头作用的含义。同时，在推进过程中广泛吸纳学生干部、先进青年团员、团干部加入，真正实现了党有号召、团有行动，在发挥党员的先锋带头作用的同时，刺激发挥共青团员的生力军作用。

第三节　主题"微"课堂建设

案例一：

"青年红色筑梦之旅"思创融合微讲堂

项目特色：

"青年红色筑梦之旅"是中国国际"互联网+"大学生创新创业大赛的重要活动，旨在鼓励广大青年学生扎根中国大地了解国情民情，接受革命传统教育，用创新创业成果服务乡村振兴战略，走好新时代青年的新长征路。"青年红色筑梦之旅"思创融合微讲堂是燕山大学深入推动创新创业教育与思想政治教育相融合的有益尝试，用大学生创新创业实践与乡村振兴战略相融合的典型案例为思想政治教育提供鲜活素材，构建"双创+思政"的特色育人模式，激发大学生的爱国热情，增强大学生的民族自豪感和认同感，提升大学生的创新创业综合素质。

开展情况：

思想政治教育和创新创业教育都是实现立德树人根本任务的重要渠道。"青年红色筑梦之旅"思创融合微讲堂构建了"微课讲授+活动交流+竞赛提升+平台转化"交叉融合、互补共振的层级式"思创融合"工作思路，将思想政治教育与创新能力培养相结合，体现出"青年红色筑梦之旅"不仅是一堂生动的创新创业实践课，还是一堂有温度的思政课。

微课堂以第7届中国国际"互联网+"大学生创新创业大赛为课程背景（见图4-7），介绍大赛规则和优秀案例，分析案例中的创新元素和红色精神，按照"课程思政"的理念和方法，精心编排设计微课，用生动的创新创业故事引导学生开展公益创业、服务乡村振兴，在创新创业中增长智慧才干、锤炼意志品质、厚植爱党爱国情怀。

图 4-7 思创融合微课堂示例

思创融合微课堂课程还紧扣"建党百年"主题，积极探寻和挖掘红色党史，引导广大青年学生在学党史、悟思想中传承基因、坚定信念、磨砺本领，激励广大青年学生在为祖国、为民族、为人民的不懈奋斗中立大志、明大德、成大才、担大任。

结合思创融合微课堂开展了线上、线下交流讨论，围绕学生的家乡建设，探寻农业农村和城乡社区发展中的痛点问题，做到紧扣时代主题、紧跟时代步伐、紧握时代特点。尝试将移动互联网、云计算、大数据、人工智能、物联网等新一代信息技术与"全面建成小康社会"紧密结合，培育新产品、新服务、新业态、新模式，促进农民增收和地方产业结构优化，围绕就业、教育、医疗、环境保护与生态建设等方面提出可行性建议。

"青年红色筑梦之旅"活动中涌现出众多优秀项目，以社会价值为导向，在公益服务领域表现出较好的创意、产品理念和服务模式，实现了经济价值和社会价值的融合，取得了河北省金奖、国家铜奖的优异成绩。"青年红色筑梦之旅"活动以"科技中国小分队""健康中国小分队""教育中国小分队""法治中国小分队"等多种形式，书写了新时代高校学子的使命担当。

项目团队与卢龙县晓琴种植专业合作社联合建立"北珠养殖科研基地"，落实参赛作品中提出的设想和方案，将高校的智力、技术和项目资源辐射到农村地区，为当地北珠的养殖提供专业的技术支撑，发挥互联网在乡村振兴中的辐射带动作用，推动当地社会经济建设，彰显项目的社会贡献和公益价值（见图4-8）。

"青年红色筑梦之旅"思创融合微课的开展，让广大学生受到了思想洗礼，提升了学生的社会责任感、创新精神和实践能力。同时，

图4-8 "北珠养殖科研基地"养殖的珍珠

将服务学生成长成才和服务社会发展并举，形成了"思想认识＋理论知识＋社会实践"三位一体的长效育人机制。

案例二：

相约美育"微"课堂

——用红色经典艺术构建特色文化育人体系

项目特色：

"相约美育'微'课堂——用红色经典艺术构建特色文化育人体系"系列活动通过微视频、艺术作品创作、艺术体验等形式，以社会主义核心价值观为"领"，以艺术类学生的实际情况为"纲"，探究各类艺术作品在引领当代大学生思想品质、培育社会主义核心价值观等方面发挥的载体功能，同时塑造富有燕善大学文化特色与人文内涵的校园形象，使学生充分体会到学校的精神魅力和文化内涵。该项目将思想引领落小落细，充分发挥红色艺术作品超越时空性的、不可替代的、民族的、大众的特点，激励学生"以充沛的激情、生动的笔触、优美的旋律、感人的形象"创作出思想性、艺术性和观赏性有机统一的艺术作品，以艺术创作实践彰显社会主义核心价值观的内核，以点带面，形成辐射效应，从而实现以艺术作品为载体加强学生对社会主义核心价值观认同的这一目标。

开展情况：

为引领学生深入学习贯彻党的二十大精神，燕山大学建设相约美育"微"课堂——用红色经典艺术构建特色文化育人体系，让学生坚定理想信念，传承艰苦奋斗、实事求是、甘于奉献的精神，把红色精神、红色文化、优秀传统文化注入青年的血脉，融入青年的灵魂，让红色基因薪火相传、生生不息。

该体系以塑造学生理想信念为核心，以线下课堂和网络文化平台为推手，持续打造"有声有色，相约美育微课堂"的文化品牌项目，组建红色经典文化传播工作室，打造"微视频+"网络美育工程，用红色经典艺术构建特色文化育人体系，结合新媒体开展浸润式文化教育，增强了思想政治教育的亲和力，形成了可借鉴推广的育人新模式。

该体系将红色经典文化融入微课堂，利用艺术专业平台，引导学生深入认识艺术作品、积极创作艺术作品。以艺术作品为载体加强大学生对习近平新时代中国特色社会主义思想的领会，充分发挥艺术作品在传播习近平新时代中国特色社会主义思想过程中所具有的潜移默化、以形写神的优势。

燕山大学艺术与设计学院创建了红色经典文化传播工作室，以唱、诵、写、画、刻等形式开展学习和传承红色经典艺术作品活动，举办系列主题艺术作品展，丰富了校园文化生活（见图4-9，图4-10）。依托喜迎党的二十大的主题，将系列作品和节目在网络新媒体平台进行展播，用学生喜闻乐见的方式把红色精神、红色文化融入学生课余生活。

图4-9　革命英雄故事讲述——人民英雄赵一曼（剧照）

图4-10 "喜迎二十大，奋进新征程"主题艺术作品展书法绘画作品

打造"微视频+"网络美育工程，使美育工作"活"起来、"潮"起来，开发红色经典、传统文化慕课微课资源，举办线上线下绘画展、雕塑展、海报展等一系列形式丰富的实践课，帮助学生建立良好的审美心理和思想境界，培养学生的民族情感，增强学生继承中华优秀文化艺术的责任感和使命感，提升学生的文化自信心和民族自豪感。开展"百年党史 红色传承"微电影展播系列活动，重点围绕建党百年、新中国史、改革开放史、社会主义发展史等主题录制微视频，充分展现党的奋斗历程以及历史伟人、民族英雄、红军战士的英勇事迹，弘扬了共产党人艰苦奋斗、顽强拼搏、不怕牺牲的崇高品质。让学生在体验式创作过程中，将社会主义核心价值观、法治理念等主流思想观念内化于心、外化于行，形成了贯穿育人全过程、影响全方位、播放全效能的"美育育人"高能量。

第四节　主题网络文化节

案例一：

大学生网络文化节

项目特色：

近年来，随着现代信息技术的迅猛发展，网络对传统的教育模式提出了新的挑战，也为人才培养提供了新的载体、平台和巨大的信息资源。如今，网络化生活已成为当代大学生的常态，对大学生思想行为也产生了全方位、深层次的影响。举办全校性的网络文化节可以鼓励引导学生主动参与短视频、网文、手绘、漫画等网络文化作品的制作与创作，让学生参与网络文化的生产和传播过程，努力打造"有态度""有厚度""有温度"的优秀网络文化作品，强化他们在网络思政教育中的主体地位，让他们用自己创作的健康向上的网络文艺作品引领校园文化风尚，传递主流价值。网络文化节的举办正是顺应了时代的要求。

开展情况：

"90后""00后"大学生出生于互联网时代，活跃于网络之中，是互联网"原住民"。他们正处于人格形成的敏感期，其价值观、审美方式、行为模式深受网络文化的影响。燕山大学非常重视网络思政工作，由学生工作处牵头制订活动方案，各学院协助参与具体落实，共同开展"大学生网络文化节"系列活动，面向全校师生征集网络文化作品。鼓励引导师生积极参与网络文化作品的创作生产，唱响网上好声音，传播网络正能量，共同守护好网上精神家园，引领高校网络思想政治教育的创新与发展。活动通过微信、QQ、"今日校园"等新媒体平台进行线上广泛宣传发动，并组织学生在东、西校区分别开展线下宣传，线上线下宣传的深度融合，有效提升了活动的影响力和参与度。

活动开展过程中，各学院积极发挥自身优势，根据网络文化节主题，自行拟定教育方案并开展相关活动，遵循网络发展规律和学生成长成才规律，通过多平台、多渠道开展形式多样的线上教育活动，强化思想引领，活跃校园文化，形成了特色活动案例，创造了一系列优秀的网络文化作品，多角度、多样化地展现了网络文化正能量。

大学生网络文化节共向师生征集作品425份，包括微电影、动漫、摄影、网文、公益广告、音频、短视频、校园歌曲、其他类等9类作品（见图4-11，图4-12），涵盖大学生常见网络文化的各种形式，作品主题包括"我爱我的祖国""新时代风貌""社会纪实""青春梦想""道德文明""成长励志""社会热点"以及"传播正能量"等。线上，以微信、QQ、抖音等新媒体为媒介，用推文、图片、音频、微视频、表情包、小程序等大学生喜爱的形式，弘扬主旋律，传播正能量，占领网络思政教育主阵地；线下，将优质网络文化作品下沉到各类丰富多彩的学生活动中，使思政教育内容从平面化走向立体化，由静态变为动态，从单一教条变为多样可视化，有效提升了思政教育的效果，开辟了新的思政教育的空间。

图4-11 动漫作品《一个网瘾少年的独白》

图 4-12　学生摄影作品

当前，网络正改变着当代大学生的行为习惯和思维方式，互联网已经成为高校思想政治教育的前沿阵地，充分利用校园里的各级各类新媒体平台，构建完备的高校网络思政教育体系，推进网络思政教育开展，是高校深入推进全员全程全方位育人的重要举措。举办燕山大学大学生网络文化节是燕山大学开展大学生网络思想政治教育工作的一次重要探索，进一步丰富了校园优质网络文化内容供给，有利于营造百花齐放、风清气正的网络环境，有利于展示学生的才能和创造力、提高学生的综合素质，也为学校网络思政教育工作带来了更加丰富的形式和更加有效的传播推广方式。

案例二

告白燕园

——燕山大学"微"网络文化节

项目特色：

在燕山大学百年校庆到来之际，通过开展"告白燕园——燕山大学'微'

网络文化节",展现燕山大学的文化与历史,让更多的师生、校友看到学校更多面的形象,为学校厚重的文化增添时代的气息,同时为学生提供一个展示的平台,培养一批优秀的"微"网络文化创作团体,展示学校网络文化建设成果,引导网络文化建设向高层次、高水平发展。

开展情况:

"告白燕园——燕山大学'微'网络文化节"系列活动主要涵盖"百年燕大,家国天下——微视频展播""印象燕园——燕山大学手绘校园创意大赛""艺彩绽放、献礼燕园——云上文艺作品展播""祝福母校——云上合影""音画思政,我的奋斗基因——歌曲、诗词、文章录音展播""'百年华诞,最美燕园——我眼中的燕园'优秀摄影和摄像作品展览""燕园桃李四海相聚,百年征程志创一流(告白燕园)"等。活动的成果均在"燕大风华艺苑"微信公众号和抖音号上展示,通过微电影、微视频、文化艺术短视频等形式,塑造富有燕大文化特色与人文内涵的校园形象,让更多的在校大学生和校友对燕大有一个更加全面、细致的认识,体会到燕大更深层次的精神魅力和文化内涵。

百年燕大,家国天下——微视频展播系列活动。通过创作微视频生动地展现燕山大学迁校、建设等奋斗故事。在校学生可利用社会实践等形式寻根溯源,找寻百年燕大奋斗脚步,记录百年燕大发展历程。艺术与设计学院93级工业设计专业毕业生王玉庆作为骑行领队参加了"重走南迁路"校庆骑行活动,另外2名在校本科生参与了骑行活动志愿服务(见图4-13)。他们用镜头向我们展示了中国一重标有"燕大研发"字样的设备、东重校园的丁香树、不胜枚举的优秀校友企业等。观众从他们的故事中可以感受到燕大(东重)人

图4-13 校庆骑行活动记录

骨子里的奋斗基因和家国情怀，通过校友述说昨天的故事、感受学校的发展、交流未来的期许，增强了校友的凝聚力，提升了学校的影响力。

艺彩绽放、献礼燕园——云上文艺作品展播系列活动。充分发挥音乐表演专业优势，在校庆期间策划10余场快闪演出，选取经典曲目，用欢快的节奏、动听的歌声装点校园，引起校友和在校学生的共鸣。利用毕业季开办了3场"云上相聚，告别母校"文艺晚会，分别在抖音和微信平台进行直播和转播。云上文艺作品展播系列活动依托百年燕大主题，奏响百年燕大华章，将燕大精神融入作品中，展示了燕园学子风采，传承了百年燕大精神。

音画思政，我的奋斗基因——歌曲、诗词、文章录音展播系列活动。开展"百名学子献礼燕山大学百年校庆校歌传唱云接力"活动。燕山大学不同专业、不同地域的学子以同唱校歌、手绘祝福的方式为学校送出真诚祝福，通过声音定格永恒的记忆，以庄重的艺术实践向燕大致敬，为校庆添彩。开展"告白燕园——我为你读诗"活动。在校生和校友通过写诗、读诗等形式，读出锻造匠心的宣言书，读出"厚德、博学、求是"的燕大气质，歌颂艰苦奋斗、严谨治学、求实创新的燕大精神。

"百年华诞，最美燕园——我眼中的燕园"优秀摄影和摄像作品展览活动（见图4-14）。通过摄影和摄像作品中丰富多彩的校园风光和独具特色的人物形象，将学校的形象真实、立体地展现在观众面前，不仅展现了出青年学生眼中最美的校园，更体现了燕大新青年的蓬勃朝气。

图 4-14 "百年华诞，最美燕园——我眼中的燕园"优秀摄影作品

燕园桃李四海相聚，百年征程志创一流（告白燕园）系列活动。开展"百年燕大，家国天下"民间手工创作活动，通过剪纸、雕刻、书法、篆刻等形式表达广大学子对燕大的热爱，传递燕大人的精神（见图4-15）。举办"艺术让生活更美好"美术设计作品展（见图4-16），展出艺术与设计学院历届师生及众多校友企业的优秀作品。作品涵盖多专业、多领域，为师生和校友带来了一场异彩纷呈的视觉盛宴。此外，还开展了"百幅海报迎校庆""校史知识普及"等系列活动。

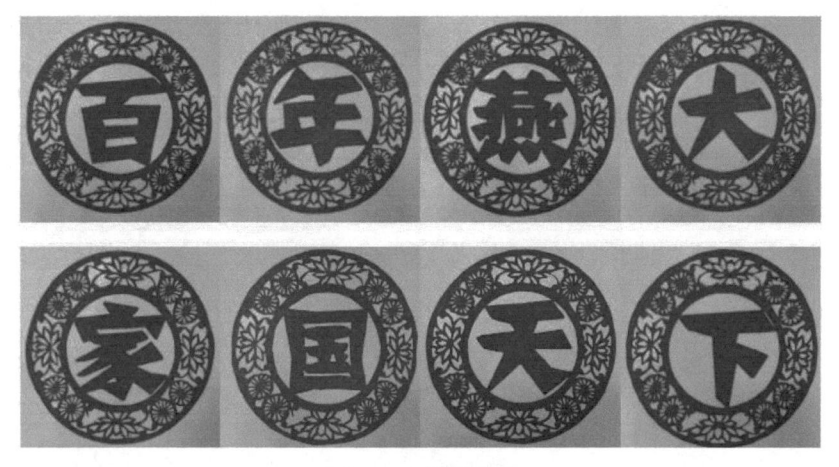

图4-15　剪纸作品

图4-16　"艺术让生活更美好"美术设计作品展

告白燕园——燕山大学"微"网络文化节以校庆为契机,将优秀"微"网络文化作品进行线上宣传及推广,实现了燕大校史的现代表达和厚重文化的轻松展示,推动了校园网络文化建设水平的提升。

第五章　环境浸润篇

第一节　公寓思政育人

案例一：

"一站式"学生社区建设

项目特色：

大学生社区是学生日常生活、思想交流和能力培养的重要场所，是对学生进行思想政治教育的重要空间载体。"一站式"学生社区可打造成党建引领、协同管理、自我治理以及文化浸润的育才培土平台，从而进一步提高思想政治教育实效和学生社区管理服务水平，满足学生成长过程中的多元需求，形成知识传授与价值引领有效融合的浸润环境。该项目在实施过程中践行"一站式原则"，把管理力量、思政工作力量、服务力量压实到学生中间，打造富有机械特色、体现思政要求、贴近学生实际的校园生活区，对形成全员全过程全方位的育人格局起到了推动作用。

开展情况：

2023年，教育部在全国高校全面推开"一站式"学生社区综合管理改革。燕山大学对此工作高度重视，出台了燕山大学关于"一站式"学生社区建设的整体方案。机械工程学院于2023年暑期完成了东校区二舍6个房间及公共区域、走廊的基础建设工作（见图5-1），同时，依托社区空间开展了丰富多样的学生党建、学风建设、心理健康教育、文化育人等活动，以及就业帮扶、解惑答疑等服务工作。在此基础上，机械工程学院进一步制订了《机械工程学院"一站式"学生社区建设实施方案》，构建了"一引四融六联动"格局，打造了"寓"见风华"一站式"学生社区，建立了社区功能型党支部，严格落实师生党员进社区制度，充分发挥党建进社区、进楼栋、进宿舍的辐射带动作用。

图 5-1　"一站式"学生社区公共空间

机械工程学院以解决学生思想问题与实际问题相结合的原则，通过开展社区风华机械项目、服务育人项目、思政培育项目，引导学生立大志、明大德、成大才、担大任，打造社区思政育人新格局。在社区风华机械项目中，举办考前辅导、就业经验交流等6项专题活动，充分发挥榜样示范、朋辈互促作用，激发学生成长动力。在社区服务育人项目中，组织教师、辅导员、行政人员等60余人次下沉学生社区，加强对学生的引导和服务保障（见图5-2）。在社区思政培育项目中，首批建设了49个"党学互促"试点宿舍。

图 5-2　师生座谈交流

开展"学风筑基"工程，以"骨干带学风、服务助学风、管理促学风、环境育学风"的理念，加强社区内学风氛围营造，引导学生由"要我学"转变为"我要学"。充分发挥学生党员的主观能动性，举办适合在社区内开展的学业辅导、学霸讲堂、学习互助（见图5-3）、日常答疑、考研交流会、保研经验交流沙龙等10余项学生喜闻乐见的服务活动，将传帮带的作用落到实处。发挥榜样领航作用，开展"风华机械人"年度人物评选，通过各类"自强之星""榜样力量"的宣传展示，营造奋勇争先、励志成长的良好氛围。全面开放多种学习资源，将评选获奖的"最美笔记"复印成册，提供纸质版借阅服务，让共享资源流动起来，辐射惠及更多学生。机械工程学院还计划将专业教师引入社区，开展"学者下午茶""共话专业发展"等活动。

图 5-3　学习互助小组

为繁荣社区文化，增强工科学生的人文历史素养，机械工程学院充分挖掘中华优秀传统文化和社会主义先进文化滋养学生心灵，将党史、校史的文化育人资源融入社区文艺体育活动、公益志愿服务、创新创造项目中，发挥社区回廊空间优势，打造"百米文化长廊"（见图5-4），设置"共享书架"；在社区成立阅读、心理、书法、观影、声乐、摄影6个兴趣爱好小组，每周开展相关活动，增强学生体验感。

图 5-4　百米文化长廊

围绕"心灵护航"工程,利用社区空间搭建心理育人平台、组织关爱心灵活动、进行心理知识宣传,构建"培训+实践""体验+成长""全员+分层""线上+线下""实践+研究"的一站式心理服务体系。开展了"寓"见风华系列主题沙龙活动,组织教师、行业先优代表共同讨论学生当前关注的典型热点话题,以直播形式辐射影响学生,护航学生心灵成长,消除社区风险隐患。设立"阳光小站"心理活动室(见图5-5),开展社区心理咨询、成长烦恼答疑等服务,以及心语信箱、心馨花园、释放心情涂鸦板等单元性实践养成活动,增强心理服务实效性与体验感。

"一站式"学生社区建设以"浸润式教育"的模式将思政文化育人工作做到"家",把学生社区打造成为党建和思想政治工作的高地、培养人才的园地、管理服务学生的基地、维护校园安全稳定的阵地,构建了以党建为引领、以社区为中心,各育人要

图 5-5　阳光小站

素高度整合、育人力量高度协同、育人实效显著提升的大思政工作体系，形成了全员全过程全方位的育人格局。

案例二：

学生寝室微文化建设系列活动

项目特色：

高校寝室文化是高校校园文化的重要组成部分，它既是一种管理文化，又是教育文化和微观组织文化，对大学生的健康成长和综合素质的提高具有重要的影响。燕山大学电气工程学院以寝室微文化建设作为校园文化建设的微观体现和重要落点，着眼微小寝室内的文化建设，把学生寝室看作校园文化建设的最小单位来开展工作，通过贴近学生生活的寝室文化建设形成学生对校园文化氛围的最初关注和认同。学生寝室的微文化建设可以让越来越多的学生寝室具备整洁优雅的生活环境、包容互助的人际关系、和谐共进的寝室氛围，让学生寝室成为培育和践行社会主义核心价值观的重要基地及微载体。

开展情况：

长期以来，我国高校的寝室文化建设较为普遍地存在着"文化是虚，环境为实"的片面认识，只注重寝室内部硬件改善和寝室外观整理层面，忽视了寝室文化的育人功能。随着高校思想政治教育工作、学风建设工作的不断推进，燕山大学涌现出了越来越多的优秀文明寝室、学霸寝室、科研寝室，其中蕴含着宝贵的青年力量和榜样精神，如不在学生中进行挖掘和发扬，不仅会错失校园朋辈教育的良机，而且会使校园文化建设内容形成缺口，丢掉学生寝室这一社会主义核心价值观的培育和践行基地及微观载体。

寝室微文化建设能够让大学生在生活起居中体会、感受文化氛围所在，改变不良生活习惯，形成积极向学的寝室氛围，从而形成对校园文化氛围最初的认同和关注。

基于对学生寝室的基础调研，该项目将寝室文化建设分为洁净、雅致、尚进3个层次：第一层洁净是指寝室环境的整洁干净，是对寝室文化建设最初和最低的要求；第二层雅致是指寝室布局的文化内涵，是对寝室成员审美的考量；第三层尚进是指寝室成员内在价值观的和谐和提升，体现为寝室成员间对共同目标的认同和追求。以此为依据，开展学生寝室"优秀100家"评选。电气工程学院共212个寝室报名参加，经过师生集中评审，最终60个寝室获"洁净•家"称号（见图5-6），18个寝室获"雅致•家"称号，10个寝室获"尚进•家"称号。学院为获奖的88个寝室挂牌，并在学院微信公

图 5-6 优秀寝室挂牌

众号上进行了部分建设成果展示。

完成挂牌的88家寝室成为学生公寓内寝室环境整理和文化建设的标杆和榜样，对其他寝室形成了良好的示范带动作用，有利于学生寝室卫生环境、文化氛围的升级改造。分层次开展的寝室建设，不仅改善寝室的室内环境，唤醒学生的公共卫生主体意识，还能培养学生的审美能力和高尚志趣。

电气工程学院还为每个楼层布置了1~2间优秀"样板间"供其他寝室学习参考、共同进步。同时对获评寝室进行长期监督检查，为复评合格的寝室提供线上线下展示机会，对于复评不合格寝室进行除名处理，从而探索建立"优秀100家"的长期开展模式。

第二节 国际化氛围建设

案例一：

校园国际化氛围建设系列活动

项目特色：

随着全球化进程的不断加快，国际化校园建设已成为我国高校发展的趋势。燕山大学开展了校园国际化氛围建设系列活动，加强了校园国际化顶层设计和制度建设，将国际化融入校园文化建设的大格局中，发挥"辐射源"作用，进一步推进了"人才培养国际化提升工程"，有力配合了燕山大学的"双一流"建设。该项目让文化育人在新时代发挥出更大效能，为学校培养更多具有"家国情怀、国际视野和全球竞争力"的国际化人才作出了不懈努力。

开展情况：

此项目从3个维度6个分步开展活动。3个维度分别是加强顶层设计和制度建设、加强国际化硬件建设、加强国际化软实力建设。6个分步是刊印《燕山大学师生因公出国（境）全流程规范（2023版）》和《教育对外开放文件汇编（2023版）》（见图5-7），完成6个学院的英文网站建设工作，规范校园英文标识，完成校训、燕大人文化品格等译文建设规范工作；陆续推送国际交流宣传人物的系列报道，开展学生项目宣传周、系列讲座等活动。

加强顶层设

图5-7 燕山大学外事材料

计和制度建设。顶层设计和制度建设是对学校对外开放工作的政策规划和未来发展前景的管理前瞻，更是学校为加强精细化管理、提升办学质量、保障对外开放事业和谐发展的一项重要举措。文件的落实将为学校教育对外开放工作的开展提供强有力的制度保障。燕山大学国际合作处持续完善外事文件体系，汇编13个文件并刊印《燕山大学师生因公出国（境）全流程规范（2023版）》，汇编26个文件并刊印《教育对外开放文件汇编（2023版）》，涵盖学校国际化规划、管理与考核等6个模块内容，构建教育对外开放文件支撑体系，为新时代学校国际化建设提供了根本性、全局性、稳定性、长期性保障。

加强国际化硬件建设。官方网站是高校的第一形象门户和首要形象窗口，对高校国际形象建设起到非常关键的作用。因此，高校的官方网站必须做到给予合作院校、国（境）外师生最直观准确的信息，尤其是英文版官方网站建设，要让更多的国际合作者或国（境）外师生更好地了解学校或学院的基本情况。燕山大学为进一步落实开放式办学思路，提升形象和声誉，大力推进英文版官方网站的建设，对各学院提出了网站建设与管理的更高要求：高度重视英文版网站建设工作，建立健全本单位的管理机制，落实网络信息安全管理责任制，积极做好网站的建设和维护工作，牢固树立对外宣传学校形象和对内提供信息服务的意识，及时对网站进行更新等（见图5-8，图5-9）。

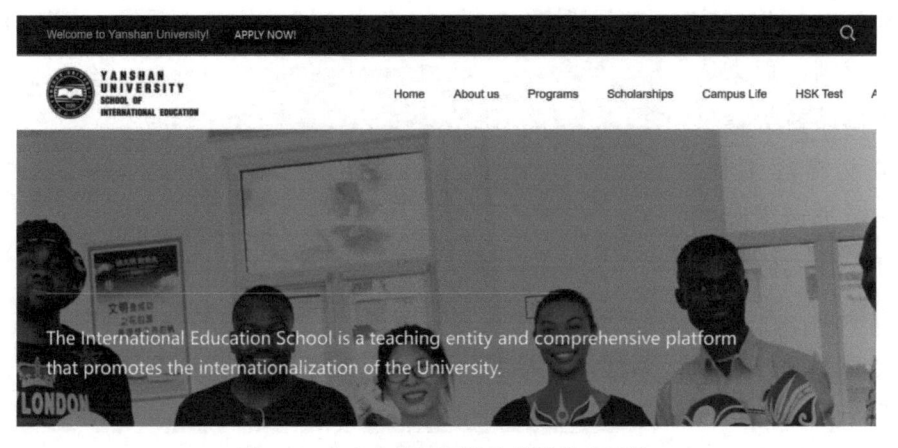

图 5-8　燕山大学国际教育学院英文网站

图 5-9　燕山大学建筑工程与力学学院英文网站

英文标识系统是体现校园管理国际化程度的重要符号，而公共场所的英文标识是校园国际语言环境的重要组成部分，展现了高校的国际化形象。通过对校园内的英文标识进行全面核查和规范，可以进一步匹配学校的国际化发展需求，传递温情，展示形象。这项工作听上去很细小，但做起来却十分烦琐复杂。公共场所涉及面广，英文标识标牌的语言、字体、颜色、大小及位置都要规范，特别是标识标牌中的英文译写，既要专业准确，又要通俗易懂。燕山大学公共场所英文标识标牌存在一定的书写体例不一致、译写不一致等问题，也有因文化误解造成的表述不当、用词不当问题，随着公共场所英文标识标牌规范建设工作的铺开推广，这些问题得到有效解决。

校训作为一所学校办学理念、社会历史和校园文化的载体，有对内凝聚力量、对外扩大宣传的作用，在世界经济全球化和建设世界一流大学的背景下，对于校训的翻译变得越来越重要。2022 年 9 月，燕山大学国际合作处发布《燕山大学面向海内外征集燕大校训等译文的通知》，随后根据海内外校友对公示译文文稿的反馈及评审专家组审校意见，2023 年 3 月发布了《关于燕大校训等译文文稿的公示》，包括燕大校训、燕大精神、燕大人文化品格等的英、俄、德、法、日 5 种语言的译文文稿，并于当年 6 月面向全体师生正式发布译文定稿。

加强国际化软实力建设。典型人物宣传是实现舆论引导功能的重要手段，通过国际交流先进人物宣传，可以引导广大师生积极参与国际交流与合作，唤醒师生国际交流意识。燕山大学扎实推进"双一流"建设，全面实施教育对外开放战略，通过建设国际合作平台、提高师生国际交流能力，不断提升学校国际竞争力和学术影响力。其间，学校涌现出诸多热衷国际化建设、积极参与国际交流项目的师生。为充分调动全校师生投身国际化建设的积极性和创造性，国际合作处特别策划推出"国际交流先进人物"系列报道，讲述先进人物参与国际交流的故事，引领广大师生对标先进，见贤思齐，奋力推动学校新时代国际化工作内涵式高质量发展。

为推进"人才培养国际化提升工程"，培养更多具有"家国情怀、国际视野和全球竞争力"的国际化人才，燕山大学开展了项目宣传周、系列讲座（见图 5-10）等活动，进一步扩大了国际交流意识培养辐射范围。通过参加活动，学生真切了解了海外留学生的学习与生活情况，拓宽了国际视野，增强了国际交流意识，增进了对国际组织的了解，提升了参与国际活动的能力。

图 5-10　高层次国际化人才培养项目讲座

案例二：

"俄德法"多语种跨文化共同体交流建设

项目特色：

该项目通过建立系统的"俄德法"多语种跨文化共同体交流模式，以举办多语种文艺汇演的形式来展示不同文化背景下的多样化文化表达，努力打造多语种、跨文化的文艺交流平台，在为师生提供展示才艺和表达自我的机会的同时，促进了各国文化的传播和交流，增强了外国语学院的国际化水平和文化软实力，为培养具有国际视野和跨文化交际能力的人才助力，为加快学校国际化进程、提升学校整体形象作出了积极贡献。

开展情况：

为进一步提高学校国际化办学水平，彰显学校跨文化交流特色和综合性学科特色，提升学生专业学习兴趣，燕山大学外国语学院俄语专业、德语专业、法语专业举办了国际文化周系列活动，以多种形式向师生介绍俄、德、法三国文化，旨在加强和促进不同文化之间的相互理解和尊重，提高学生的跨文化交际能力和文化素养，扩大学校的国际化视野和影响力。

该项目主要分为两个部分，即展览展示和文化展演。

在展览展示部分，俄语专业、德语专业、法语专业学生根据自己所学语言国家的国情特色，举办了为期一周的系列文化宣传展示活动。在俄语文化宣传展示活动中，俄语专业的学生开展了讲解俄罗斯历史、展示俄罗斯特色民族服饰、体验俄罗斯特色美食、欣赏俄罗斯传统音乐等活动，并设置趣味油画打卡点供大家拍照。在德语文化宣传展示活动中，德语专业的学生设计了德语书写挑战、发音挑战和德意志印象等形式多样且趣味性强的活动（见图 5-11），以极强的参与性和互动性为同学们留下了极好的参与体验感。在德语文化知识宣讲活动中，德语专业的学生就德国历史、德国名人、德国美食等一系列德国文化知识进行了宣讲。在法语文化宣传展示活动中，法语专业的学生开展了"走进法国建筑文化""完美与否""流彩之间，印象法国""味蕾碰撞，品味法国"4 项活动，分别展示了法国的建筑文化、语言文化、艺术文化和美食文化。

在文化展演部分，俄语专业、德语专业共同举办了"跨越山海，'语'你相会"俄语、德语文化周闭幕式及汇报演出。德语、俄语专业学生以语言技能为基础带来了包括舞蹈、独唱、合唱、朗诵、文化展示、趣味互动等形式在内的 13 个文化娱乐节目。法语专业举办了"拥抱自我，玫瑰人生"法语文化周闭幕式及汇报演出，学生带来了舞蹈、走秀、法语舞台剧《摇滚红与黑》、法语趣味互动、法语诗歌朗诵、相声《法国印象》（见图 5-12）、法语歌曲合唱等 8 个节目。

图 5-11　德语文化宣传展示活动

图 5-12　相声《法国印象》

国际文化周系列活动的专业性、趣味性强，吸引了大量学生、教职员工前来参与，提升了其他专业师生对外语专业的认知，拓展了全校师生的国际化视野。外国语学院专业教师在文化周活动中扮演了重要角色，为文化周的开展提供了文化知识宣讲、演出指导等服务，为活动顺利进行提供了有力支持。通过举办一系列活动，丰富和发展了多语种外语教学的效果，弥补了跨文化教学的不足，拓展了研究视野，开拓了外语教学研究的新途径。

该项目突出跨文化的特色，将俄、德、法三种语言文化有机地结合在一起，形成了独特的跨文化共同体；活动以展示、宣讲、互动等多种方式呈现不同国家的文化，使参与者能够全面、深入地了解俄、德、法三国在语言、风俗、文化等方面的特色，为培养更多具有跨文化交流能力的高素质人才、推动国际文化交流和合作作出了贡献。

第三节　校园美化工程

案例一：

报废设备在校园文化环境建设中的利用

项目特色：

近年来，伴随着国家对高等教育投入力度的不断加大，高校的教学科研仪器设备不断更新换代，每年都会产生大量的报废资产。如何实现报废资产的精细化管理、深度发掘和延续报废资产价值是燕山大学一直在探索的课题。作为工科院校，燕山大学的报废资产中有很多工业、机械风格极强的废弃设备和零碎材料，燕山大学实验室与资产管理处和艺术与设计学院通力合作，通过艺术创作加工变废为宝，让这些报废设备焕发出新的生命、迸发出新的光彩。师生创作形成的艺术装饰品和工业现代雕塑景观打造了独特的校园文化环境、彰显了工科院校的文化特色。

开展情况：

燕山大学实验室与资产管理处用 1 年时间对全校报废资产进行集中回收，累计回收报废设备 3 649 台/件、报废家具 2 821 件/套，原值合计 3 244.92 万元。这批报废资产中含有大量的废旧钢材设备，艺术设计专业的学生对其产生了浓厚的兴趣，进行了多次实地调研，萌发出丰富的创作灵感和思路。他们精心绘制了草图，有的还制作了实体模型。

利用工业文明遗存进行艺术再创造的探索于 20 世纪在欧洲发端。在二战废墟上站立起来的艺术家们，利用工业革命之后欧美城市中建筑和桥梁上的金属元素创作了很多大型的金属雕塑。这种艺术创作极大改变了观者对艺术和文明世界的看法。这种利用回收物品创作的方式，在艺术界渐渐形成一股强有力的潮流。如何处置校园里这些象征工业文明的废弃物？如何留住工业文明历史？如何挖掘重工业基地深厚的文化底蕴？如何让这些设备遗存通过艺术创作焕发新的活力？带着这些问题与设想，项目组认真谋划、全身心投入，并将其作为设计实践研究课题融入课堂实践和毕业设计中。

在创作课项目实践和毕业创作中，学生们将废旧工业部件作为创作材料，发掘材料中那些鲜明的、具有城市产业特点的元素，并把它们运用到作品的创作中。无论是教师还是学生，都用发现美的眼睛、艺术设计的灵气以及对社会的人文关怀，为沉睡已久的钢铁注入新的灵魂，使其成为一件件杰出的现代工业雕塑，同时也成为承载着燕大精神的宝藏。

燕山大学艺术与设计学院的师生对具有工业审美特色的大型设备进行了局部和简单的表面处理后，通过色彩涂装改造设计让这些本身具有艺术造型语言的废弃设备耳目一新（见图5-13），还对部分设备进行了分解再设计组装创作（见图5-14）。学生们利用废旧工业部件制作了一批小型艺术装饰品，在毕业设计展中精彩亮相（见图5-15，图5-16）。之后，这些艺术装饰品被布置在教学楼、新图书馆、学生活动中心等场馆中。

图 5-13　色彩涂装改造设计

图 5-14　对大型报废设备进行重新改造设计

图 5-15　重新设计组装的小型艺术装饰品 1

图 5-16　重新设计组装的小型艺术装饰品 2

该项目在发掘报废资产价值、助力专业实践教学、营造校园文化氛围等诸多方面进行了有益探索，取得了有效成果。首先，实现了资产报废精细化管理，在全校范围内营造出节俭办学文化氛围；其次，大量的废弃材料不仅为艺术与设计学院的教学和创作提供了物质支持，也为进一步思考艺术教育与工科大学独特资源的协同关系提供了宝贵经验；最后，对报废设备的艺术设计创作在美化校园环境的同时，保留了学校办学历史上机械、重型装备等传统特色元素，提升了校园文化氛围，丰富了校园文化内涵。

案例二：

"梦想蓝图，彩绘燕园"彩绘校园活动

项目特色：

彩绘校园是目前在高校校园文化宣传中常见且有趣的一种宣传方式，它可以表现学校的办学历史、办学特色、人文风尚等丰富内涵。这种宣传方式在让师生以及校外来访者感受到绘画带来的视觉冲击的同时，也能对校园的文化建设有进一步的认知。燕山大学艺术与设计学院贯彻中共中央办公厅、国务院办公厅《关于全面加强和改进新时代学校美育工作的意见》精神，发挥美育育人功能，通过校园彩绘展现艺术的魅力、展示学校的文化风采，使师生通过墙体彩绘的艺术形式了解我国传统和现代的艺术表现形式，变"校园文化"为"文化校园"。

开展情况：

校园文化不仅可以呈现一所学校的管理理念、教学水平和办学层次，还可以体现一所学校的办学品位。优秀的校园文化是全校师生的精神动力，也是建设文明校园的重要基础。项目组成员深入研究学校的文化基因，挖掘学校历史上的重要时刻，找到燕山大学校园文化和特质的根源，并将它们转换为视觉元素，进行现代化、时尚化和形象化的演绎。他们通过彩绘的形式，将学校的学科特色、重大科研成果、特色建筑景观和学子们的文化生活、精神风貌等表现出来，突出了学校在发展历程中的亮点，擦亮了学校的名片。

主题鲜明、图文并茂的系列墙绘作品，不仅让校园中沉寂的墙面焕然一新，而且将严谨求实、精益求精、追求完美、勇于创新的精神传递给广大师生和校友，展现出百年燕大不一样的面貌，给学校增添了人文艺术气息。

"梦想蓝图，彩绘燕园"彩绘校园文化建设活动的主要内容是"彰显校园文化特色、提升校园文化品位，传播正能量文化精神，形成校园彩绘作品"。项目组成员利用燕园餐厅一面长达 8 米的外墙进行彩绘，将中国天眼、C919 客机、北斗导航卫星、神舟飞船、港珠澳大桥、万吨水压机等一项项超级工程转换成视觉元素，巧妙地融合在一起，将无数科研工作者的智慧和汗水通过校园彩绘的形式表现出来，极具震撼力（见图 5-17）。项目组成员在西区浴池下方近 80 米的墙面上进行了彩绘，讴歌中国共产党 100 年的光辉历程，展现了燕大师生对党的热爱与忠诚、对幸福美好生活的赞美和追求，以及不忘初心、牢记使命、胸怀理想、拼搏向上的精神风采。

图 5-17　燕园餐厅外墙彩绘

项目组在对墙面进行方案设计时，注重结合墙面本身特有属性进行素材选择，避免"千墙一面"，努力做到和谐美观。例如：在对浴池下方近 80 米的外墙进行彩绘设计时，抓准墙面长度长的特点，以火车车厢的形式展示各个阶段，将中国共产党从南湖的一叶小舟启航，到紧紧团结各族人民一路高歌、披荆斩棘，到规划建设雄安新区，再到第 24 届冬季奥林匹克运动会等一幕幕重大历史事件一一呈现,彰显出中国魅力与力量。

图 5-18 浴池下方外墙彩绘

燕山大学的校园彩绘融入了"红色文化、校史文化、工匠文化"等元素,通俗易懂、简洁明了,可以让学生随时随地感受历史文明与艺术熏陶,引领了校园文明新风尚。

第四节 书香校园建设

案例一:

> 悦读百年辉煌历程,传承红色文化基因
> ——庆祝建党百年系列文化活动

项目特色:

高校是社会主义先进文化的守望地,肩负着新时代传承和弘扬红色文化基因的光荣使命。2021年，燕山大学图书馆以"悦读百年红色经典，传承红色文化基因"为主题举办了庆祝建党百年系列文化活动，以红色文化基因培育与价值传承为目标，积极开展形式多样的红色主题文化阅读推广活动，回溯党的光辉历史，感悟党的初心使命，坚持用红色经典文化引领思想潮流，弘扬伟大建党精神。

开展情况：

红色主题文化阅读推广活动，是红色教育的重要阵地，可以充分发挥红色资源的作用，让广大学生在获得历史知识的过程中产生共情共鸣，激活红色基因，坚定报国之志，在学思践悟中练就过硬本领，传承红色基因、勇担时代使命、坚持奋力前行。

燕山大学图书馆以红色文化为主题，开展了读书节及"我和我的祖国"文化阅读推广活动，通过搭建红色文化阅读推广活动体系，营造浓郁的书香燕园氛围，激发师生阅读红色文化书刊的兴趣与热情，引导广大师生用红色文化涤荡心灵。

读书节从深入阅读学习推荐书目、红色文化展示、红色文化体验、红色文化阅读、数据库推广等几个方面展开，通过组织朗诵、征集读书笔记及书评、创作艺术作品、开展红色读书会、展示红色文化、布置红色主题书展（见图5-19）、布置党史阅读空间、红色影视剧目展播、推广红色音乐、红色经典传抄、红色剧本体验（见图5-20）、为红色影视剧目配音、展示读书故事、知识竞答等活动，全方面多角度推广红色文化。各项活动得到了师生的广泛关注，征集各类作品上千件，起到了良好的教育效果。

图5-19 红色主题书展

"我和我的祖国"主题文化阅读推广活动包括"请党放心、强国有我"朗诵比赛（见图5-21）、"错位时空、百年相拥"赞美短文征集活动、"温红色经典，忆辉煌党史"红色主题书展、"祖国，我想对你说"短视频拍摄活动、"我们，从未忘记"线上答题活动，通过多种形式激发广大师生的爱国情怀，教育引导师生弘扬强国精神，争做国家栋梁。

图 5-20　红色剧本体验

图 5-21　诵读比赛

燕山大学图书馆充分利用丰富馆藏，挖掘思想政治教育资源，深入开展红色文献的整理展示和革命文化弘扬传承工作，打造了"红色文化展示区"和"百年党史阅读空间"两个主题展示区，让广大师生可以"看得到""画出来""写下来"，为广大师生呈现了一堂生动的党史教育大课。

"红色文化展示区"的红色主题书展精选了一批馆藏党史故事图书，通过直观的桌面展示，让师生更好地了解党的辉煌历程。在"红色文化展示区"还展示了党史故事油画，用精美的油画、简要的文字将"秋收起义""娄山关战役""北平解放""开国大典"等重要历史事件呈现在师生面前（见图5-22）。"红色文化展示区"设置了红色经典传抄台，选取了习近平总书记的《论中国共产党历史》一书，由师生接力抄写，共同完成珍贵的手抄记录，通过抄写的形式让党史教育入脑入心。

图 5-22 党史故事油画展示

图书馆将与党史学习教育相关的馆藏文献和电子资源进行统一调拨，用500余本党史主题图书、1台库克音乐机、1台党史专题歌德机、2台党史专题电子画屏组建了党史学习专题书架、电子阅读体验区，积极打造党史学习教育阅读基地，开辟"百年党史阅读空间"，为全校党史学习教育提供了多样化的资源平台和服务保障（见图5-23）。"百年党史阅读空间"通过内容归类、主题揭示、关联分析等方式更全面、细致地展现和揭示了馆藏革命文献蕴含的红色精神和时代价值,精准服务相关党史研究和课程思政教学的需要。

图 5-23　百年党史阅读空间

"红色文化展示区"和"百年党史阅读空间"通过合理布局、立体展陈,综合运用多元手段将红色文献蕴含的党史文化和革命文化生动呈现出来,以润物无声的方式吸引和感染广大师生。无数师生驻足参观、借阅书籍、接力传抄,营造了浓厚的"学党史,知党恩,守初心,求进步"的党史学习氛围。

"悦读百年辉煌历程,传承红色文化基因"庆祝建党百年系列文化活动展示了燕大人积极昂扬的精神风貌,激励师生从红色文化中汲取前行力量,让信仰之火熊熊不熄,让红色基因融入血脉。这一系列活动在校园里掀起了读好书、学本领,在书籍中汲取智慧与力量,在学习中练就过硬本领的热潮。

案例二:

图书馆燕大文库布展建设

项目特色:

为集中收藏、整合、展示、宣传和利用燕山大学师生、校友在不同时期创作的教学、科研成果,展现师生学术风采,图书馆自 2020 年开始筹划以采集整理、修复保护、展览利用燕山大学学术资源为目标的"燕大文库"建设工作。2023年底，550平方米的"燕大文库"布展完成，收藏、展示了来自13个学院的著作、手稿、论文修改稿、试验模型、书画作品、学生课程笔记、课程设计作业等藏品近千种，成为燕山大学展现学术传承的窗口和阵地。"燕大文库"的建设，有利于一些记录学校历史和学科脉络的、具有重要参考价值和代表意义的史料和著作回归学校并得到妥善保管；有利于对学校学科的发展脉络进行溯源和梳理；有利于弘扬优秀学术文化。

开展情况：

"燕大文库"的建设依照"藏+展+阅览"的定位进行功能设计与规划，共设9个小展柜、4个大展柜，主要通过接受捐赠、调拨、补充购买等途径进行藏品收集和扩充（见图5-24）。"燕大文库"的布展按照东北重型机械学院时期、两地办学时期和燕山大学时期的时间脉络，分为专架板块和院系板块两部分。专架板块设置了院士、知名学者、模范教师和优秀教师、优秀校友、学生笔记、校内出版物、书稿手稿等专区（见图5-25，图5-26）。"燕大文库"收录的学术档案记录了学校、学科和师生个人的学术发展轨迹，具有深厚的历史底蕴。

图 5-24　燕大文库展区

图 5-25　著作手稿展示

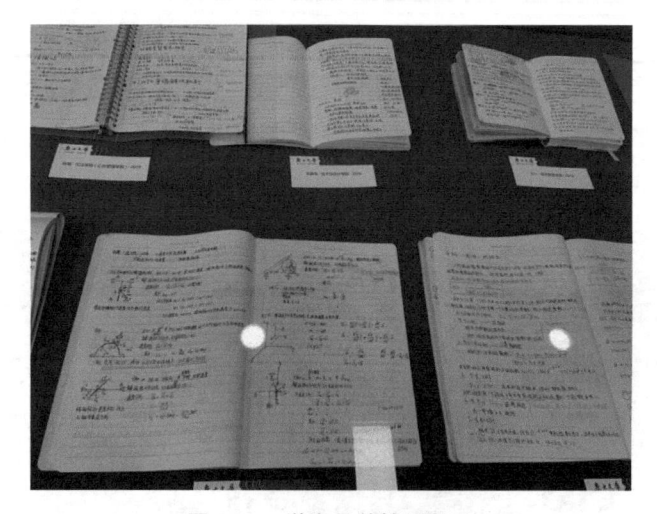

图 5-26　学生最美笔记展示

不同于校史馆的全局展示,"燕大文库"从文献学的视角,以燕山大学产出的优秀学术文献资源为依托设计布局,开展学术文化相关活动和研究,以支撑校园文化建设。

"燕大文库"以实物展览、网络推文相结合的形式进行文化传播。一方面,采取传统的展柜、展架、展板相结合的形式,依据年代、学院、学科、知名学者等主题进行展览,多角度展现燕大人的治学风采;另一方面,对文库藏品进行主题和内容深耕,通过网络推文、建设网络虚拟展厅等方式,还原学者的学术轨迹和成长历程，展现各类成果背后的学术故事，让藏品鲜活起来，扩大传播范围，并为"燕大文库"的学术成果收集和内容建设贡献一份力量。

同时，"燕大文库"展区也是具有学术文化气息的校园公共文化空间。图书馆通过举办展览、讲座、文化体验活动等，将"燕大文库"打造为科学精神教育基地，其中蕴含的治学精神、校史文化、科学精神、家国情怀等文化精神，有助于弘扬科教兴国的价值观、传承学术奋斗基因、激发师生爱校热情、增强师生学术素质和学术文化自信。

后　　记

　　建设世界一流大学，不仅要有一流的教学、一流的师资、一流的学术，更要有一流的文化。

　　燕山大学在百余年的发展历程中，始终秉承"厚德、博学、求是"的校训精神，传承奋斗基因、发扬工匠精神、追求卓越品质、熔铸家国情怀，坚持贯彻执行"文化引领"战略，唱响主旋律、弘扬正能量，全面挖掘展示学校发展历程中深厚的文化底蕴和鲜明的红色底色，引领青年学子在奋斗基因传承中塑造精神品格，为创建特色鲜明、国内一流、世界知名研究型大学提供内生动力和思想保证。

　　文化建设是一项战略工程、铸魂工程。一代代燕大人以燕大精神为引领，以立德树人为根本，在校园文化的创建、实践和发展中，摸索出了许多有价值、有影响、可借鉴、可推广的成功案例，凝练了别具一格、特色鲜明的校园文化。

　　学校始终注重价值引领，坚持发挥思政课铸魂育人作用，积极推动"思政课程"向"课程思政"转变；着力加强网络阵地管理、细化落实意识形态管理责任制，持续加强网络文化项目培育工作，守护风清气正、健康清朗的校园网络空间，营造健康向上的网络文化环境。

　　学校坚持塑造学生工匠精神和家国情怀，加强基层文化建设立项支持和培育，着力培养学生责任意识和奉献精神，塑造学生内在优秀品质，激发其爱国荣校情怀，引导学生将个人的"小我"融入祖国的"大我"，将爱国情转化为报国行。

　　学校以校史陈列馆、东北亚古丝路博物馆为依托，努力把文博育人打造成开展传统文化教育的长效机制；鼓励原创文化，涵养师生品行，通过中国传统艺术文化的审美启蒙，让师生感受体验中国传统艺术文化的魅力，提升艺术综合素养。

学校坚持以高雅艺术引领校园博雅之风，立项支持高雅艺术美育教育普及活动，通过举办书画展、摄影展、艺术展、音乐会等形式引导学生感受美、理解美、传播美。

学校始终不遗余力发挥环境育人功效，将文明行为、环保理念、校史故事融入校园环境，为大学校园增添了人文气息和历史厚重感，力求让校园的每一处景观都会"说话"，使校园环境成为无言之师。

此书对燕山大学近5年来校园文化建设经典案例进行了整理，回顾和总结了燕山大学近年来在通过基层文化立项工作提升学校文化软实力、发挥大学文化引领作用方面所取得的成绩，也为今后校园文化建设的创新发展提供了借鉴参考。各项目组负责人及成员在项目策划实施及成果凝练过程中付出了巨大的努力，每一个项目都凝结着广大师生的心血和汗水，书中收录的图片及艺术作品也是由燕山大学师生拍摄制作而成的，在此向各位教师和学生一并致谢。

此书中难免存在遗漏、错误与不足之处，恳请广大师生、校友、高校同人、社会各界朋友予以指正。

褚玉晶

2024年2月28日